16歲的對話練習課

林皇德、臺南一中114級科學班——合著

推薦序——

16歲的英雄旅程（Hero's journey）

詩人顧蕙倩

第一次踏進臺南一中是八年前的事。

那時我帶著國立臺灣師大附中的「藍天之子」，前往拜訪臺南一中語資班的同學，在南國豔陽的照拂下，一群身穿卡其色制服的少男們亮閃閃出現在校門前，歡天喜地迎面而來。原來全班分組引領我們參觀校園的同時，那即將開始的兩校交流會，其實，這群少男們早就準備好大展身手了。

盛會的內容圍繞著臺北與臺南雙城的聲景地圖，兩城兩校的聲音旅程，十六歲的熾熱靈魂，相互碰撞，彼此對話。八年前的場景，經歲月淘洗沉澱，至今回想起來的逕是一整座禮堂生命的豐盈樂音，還有迴盪不已的echo：「到底是怎樣的環境，能夠足以孕育這樣雄赳赳、氣昂昂的南國之子呢？」

是的，當臺南一中的少男們起身合唱，以校歌歡迎我們時，我對最後一句歌詞的自信堅定深深震懾，「臺南一中無負鄭成功」。這位深深根植在臺南這片土地上的人物，歷經幾百年政經變遷，是不是還能成為這些少男心裡的人物，我不知道，但是我相信，從他們堅定自信的聲音所吶喊出來的「鄭成功」，已是一個十六歲少男內心的代名詞，是成長歷程裡立志要無負於他的精神標竿。

此後，只要來到臺南，我都會想起這些十六歲的南國男兒們，也很想知道接下來的人生旅程裡，那樣的自信堅定與氣宇軒昂，是否在成長旅程中，成為另一種模樣，繼續無負於自己？

對於他們的養成經過，始終遺憾自己所知甚少。直到今日拜讀皇德老師為臺南一中114級科學班編寫完成的《16歲的對話練習課》一書後，我彷彿又能夠理解一些了。

雖然這不是與我認識的十六歲少男同一班級，也並非同一位任課老師，但是，從皇德老師為他們精心設計的課程裡，我彷彿也隨著他們的文字一一觸碰著十六歲的心靈，那樣晶瑩剔透，又是那樣的容易害羞，一顆顆渴望被愛與愛人的心，藉著皇德老師的四堂課，一個個的飛翔靈魂，被皇德老師的藍天情雲一一接住，並且以文字留駐屬於十六歲的雪泥鴻爪。

回憶自己面對十六歲少男少女的場景，作為老師的我，總是深深感受著他們渴望聆聽、渴望不被單一化，渴望形塑又害怕形塑，渴望認識自己究竟是誰又懷疑自己究竟是誰的生命鑿痕間。鑿痕也許帶著血淋淋的傷，鑿痕也許刻意覆蓋著陽光般的笑容，鑿痕，更可以被他們繪上彩虹越過成長的界線。要認識他們，或者被他們接受，站在講壇上的位置其實並不簡單，但是，我非常感謝他們，是這些十六歲的少男少女，是他們的十六歲，讓我以不同方式走下講臺，傾聽，欣賞，記錄，對話，多麼珍貴的十六歲，如果他們只是考試的機器，只是為了服膺社會的複製品，只是芸芸眾生的英雄贗品，那麼，就不要發生在十六歲吧！

而皇德老師給十六歲的少男們最珍貴的對待，就呈現在這本書裡。

當生命被聆聽，被需要，被珍重，被愛護時，這個生命就會堅定自信、氣宇軒昂的朝著自己的目標勇敢前行。皇德老師運用四堂課的前導文字與篇章閱讀，如仙人般織就彼此的生命錦繡，在「成長：與自己對話」的第一堂課中，老師聽見他們一一訴說十六歲的自己；在「試煉：與挑戰對話」的第二堂課中，老師聽見他們訴說自己如何面對成績單上起起伏伏的數字，如何體會人生中有堅持，也有放棄，只求盡其在我的可貴心靈；在「修復：與他人對話」的第三堂課中，老師細心的聽見他們訴說自己如何看待與別人的差異，了解彼此的獨一無二，如何在生命歷程的經驗中，體會世間不易學習的生死學；在「成全：與群體對話」的第四堂課中，老師聽見他們如何在團隊合作的現實與理想中尋找難得的平衡點，從擔任領導者與被領導者的經驗中，同理團隊裡不同角色的心境。

於是，在這本皇德老師送給十六歲少男們的書裡，我彷彿也經歷了這些十六歲心靈的英雄旅程（Hero's journey）。是的，英雄旅程是敘事學和比較神話學中的一種公式，也是形式，它廣泛應用在各種故事類型和戲劇結構。主軸圍繞在一個踏上冒險旅程的英雄，這個人物會在一個決定性的危機中贏得勝利，然後得到昇華，轉變或帶著戰利品歸返到原來的世界。但是，這本書所承載著的不是動漫、小說，或是戲劇化的奇幻故事，而是一篇篇真實、赤裸且充滿師生對話的可貴旅程。

別忘了，不管你是喜歡英雄旅程的三階段：啟程（或隔離）、啟蒙（或下凡、神化）、歸返，或是創造英雄故事的十二階段，這裡面都有一個核心歷程，「啟蒙」，也就是「遇見導師」，而就是這本英雄旅程的啟蒙導師，讓每一個十六歲的心靈，正視自己正走在屬於自己的英雄之路上。

序——聽大孩子說話

林皇德

燦爛的陽光從寬闊的天井灑落，照亮了這座小學的中庭玄關。二樓幾個大字：「健康、感恩、創新」，襯著繽紛的彩色畫紙，妝點著素雅的牆面。烏亮的板岩地磚上，一組組的孩子們在大朋友的陪伴下，圍成圓圈玩遊戲。不遠處的老樟樹伴隨著微風飄來清新的氣息，歡樂而熱絡的談話聲滿溢整座校園。

這群科學班的十六歲大孩子，利用暑假來到國小舉辦科學營隊，當了一整天的孩子王，我彷彿又在他們眼中看見那充滿熱情與活力的眼神。

那樣的眼神，我曾在開學第一週見過。那時的他們，雖然已上過好幾天的線上銜接課程，但還是第一次進入自己的教室裡駐足、安頓。他們眼中充滿求知的熱情，說話的聲音總是積極而充滿活力。連前來演講的成功大學教授，都盛讚他們充滿學習熱忱，思考靈活而有創意。

但一個學期之後，他們的眼神有了些許改變，上課時的坐姿微微傾斜，說話的聲音也更為沉穩內斂，班上呈現出另一番風景。

這群科學班的學生，在國中會考舉行之前，就得先參加入學甄試，通過筆試、實作、面試等層層考驗，在錄取率不到百分之十的選拔中過關斬將，才能進到這裡求學。這間教室裡只有二十五張椅子，每一張都是歷盡千辛萬苦才能坐上去。

他們的三年高中數理課程加速於二年內完成，其他的語文、社會、藝能必修課程則是一項也沒少，此外還要面對資格考試，以及大學的先修課程。當然，他們也被賦與期待，在數理奧林匹亞、學科能力競賽、科學展覽、物理辯論、科學獎、數學競賽等大大小小的比賽中奮戰。

而升學所需的各項準備工作、學校裡的評量測驗，還有學習歷程檔案、自主學習等新課綱的規劃，以及個人理想的追求、人生路上的挑戰等，他們更是不可能缺席。

他們會不會覺得疲累？會不會覺得壓力如山大？

他們是否已找到課業、考試、競賽、生活之於自己的意義？

他們是否還記得自己學習的初衷？

或者只是我想太多了，他們其實已將挑戰轉化為日常？在種種試煉中成長蛻變，更加強壯？

他們的生活，是否就是臺灣高中生的縮影？

我想，我不應該把自己的片面印象強加在他們身上，我也不應該代替他們回答人生道路上的各種問題。我應該做的，是思考國文課可以怎麼幫助他們跟自己對話，跟人生對話，進而主動找到自己的答案。

約拿·博格在《如何讓人聽你的》一書中提到，語言具有改變人心的力量，影響一個人的能動性與同理心，進而影響他的行為。這與我一直以來的體悟不謀而合。我一直相信，語言的使用不只是消極地反映我們怎麼想、想什麼，更可以積極地影響、引導我們的思考方式和思想內容。

因此，我參考**社會情緒學習（SEL）的五大內涵**，設計了四個階段的對話練習課程，希望藉由閱讀和書寫，讓他們更深入地與自己對話、與挑戰對話、與他人對話、與群體對話。每一堂課，都先透過作品的閱讀、教學活動的啟發，讓他們思考核心問題，體會文字運用的力量，最後再以書寫記錄對話的歷程和結果。

於是，一篇又一篇的文章開始上傳到雲端，每一篇都是那麼令人動容。我也發現，自己正不斷的透過閱讀與書寫和他們對話。課堂上，我總是一直說；而現在，我明白自己要當個及格的傾聽者，好好聽他們說話。

在「成長：與自己對話」的第一堂課中，我聽見他們訴說：自己如何在恐懼之中，學習接納自身長久以來的弱點；在擔任小爸爸照顧植物時，也看見父母照顧自己的心境；在滿心疲累與孤寂時，不忘跟自己說聲「晚安，你值得的」；努力追求自己的興趣與所愛，從中發現生命的最大價值；不斷追求完美，雖然辛苦卻樂在其中；看見自己成長的印記，希望成為別人的光；想像自己即將經歷的一生旅程，並告訴自己：「很高興認識你！」

在「試煉：與挑戰對話」的第二堂課中，我聽見他們訴說：自己如何面對成績單上起起伏伏的數字，放下對輸贏的執念，重新找回對學習的熱愛；擔任別人眼中的「花瓶」，而看見這個角色的價值，堅定地付出汗水、血水、淚水；觀察、評論臺灣社會瀰漫的補教與考試文化，從中尋找自己的答案；在寫作的路上反覆修煉，琢磨出自己的風格；為了成為自己心中夢想的那個人，走過迷惘與困惑，努力與現實角力；體會人生中有堅持，也有放棄，無法讓自己沒有遺憾，只求盡其在我。

在「修復：與他人對話」的第三堂課中，我聽見他們訴說：自己如何克服陌生與羞怯，在全新與陌生的環境中與他人建立關係；學習聽懂別人的話，也練習說話的藝術；走進戀愛的星空中，同時看見黑夜的黝暗與星子的燦爛；如何看待自己與別人的差異，了解彼此的獨一無二；回望生命中牽繫自己的人，說出心中的感謝；從照顧寵物、陪伴寵物走過完整生命歷程的經驗中，體會世間的生死學。

在「成全：與群體對話」的第四堂課中，我聽見他們訴說：自己如何看待自身的「團隊病」，學習以適合自己的方法與他人合作；從關係的缺口中，尋找團隊切磋砥礪的途徑；觀察小組報告的不同風景，在團隊合作的現實與理想中尋找平衡點；從擔任領導者與被領導者的經驗中，同理團隊裡不同角色的心境；從人類群體之外的視角，擺脫既有的刻板印象，重新看看這個世界。

而我也從這幾堂對話練習課中，重新認識這群十六歲的少年。原來，在那個陽光燦爛的早晨，他們在國小科學營隊綻放熱情與活力之前，已走過無數艱辛與磨合；原來，他們遠比我所想像的成熟而強大；原來，他們一直以來，就不斷在思考問題的解答。

回想這一系列十六歲的對話練習課，有時，我們席地而坐，一起沉思、討論；有時，我們走到教室外面漂流與漫步；有時是天清氣朗，藍天白雲；有時是颱風過後，陰雨綿綿。透過閱讀、思考、感受與書寫，對於「我是誰？」這個古老的問題，我想，他們已能更深入、更細微的思考：我在自己眼中是誰？我在別人眼中是誰？我在團體裡是誰？我眼中的世界是什麼樣子？

或許還沒有那麼快找到答案，或許這樣的練習還要持續下去，陪伴我們走過十六歲、二十歲、三十歲……。在傾聽與對話中，我們也真誠的面對自己，面對身邊的每一個人。

目次

081 第二堂課

試煉：與挑戰對話

第一堂課

成長：與自己對話

我覺得自己是個什麼樣的人？

我喜歡什麼？不喜歡什麼？

我怎麼看待自己？我會怎麼形容我自己？

我覺得我的缺點是什麼？優點是什麼？和別人最大的不同在哪裡？

哪一樣東西、哪一件事最能標誌我的性格或特質？

在成長的過程中，最關鍵的一件事是什麼？

我有沒有看到，成長的過程中，哪些人陪伴過我？

哪件事讓我覺得自己長大了？我從中學到了什麼？

葡萄牙詩人佩索亞喜歡用異名發表作品。他創造了上百個異名，各有獨特的身分與性格，雖說是佩索亞的化身，但既是他，又不是他。

佩索亞於一九三五年逝世。另一位葡萄牙作家喬賽．薩拉馬戈在小說《詩人里卡多逝世那一年》中，便假想佩索亞所創造的異名人物——醫師詩人里卡多．雷耶斯，在獲知佩索亞辭世的消息後，從里約熱內盧搭船回到里斯本。經過多年的異鄉漂泊後，回到故土，與佩索亞的靈魂促膝長談。這趟返鄉之旅中，里卡多．雷耶斯回望這座孕育自己的城市，在動盪不安的時局中，凝視自己一生的漂泊與抑鬱，與自己的創造者對話，同時也在與自己的靈魂對話。

我想，我們都需要如此深刻的自我對話，有時甚至要走出自己，站在不同的位置，從不同角度，用另一個「我」的身分，跟自己說話。

我是誰

在思考上述核心問題之前，我先讓同學們閱讀李家同〈我是誰〉這篇文章。故事裡，剛過世的教宗向天堂辦事員介紹自己時，先是搬出了教宗、歐洲樞機主教、諾貝爾和平獎得主、全球兒童扶助基金會董事……等等頭銜，但辦事員始終蒐尋不到他的資料。接者，教宗回想自己人生中最幸福而充實的一刻，談到了最初的自己：人們稱他保羅神父，在羅馬鄉下照顧孤兒，日子平凡而辛苦，心中卻無比滿足。

我希望同學們思考：當你卸下臺南一中學生、科學班學生、校排第一名、奧林匹亞國手……等等頭銜後，你是誰？什麼事物能讓你由衷感到滿足與幸福？或者，你希望自己成為什麼樣的人？

此外，我也請同學們讀一讀臺積電青年學生文學獎的得獎作品，例如李鈺甯〈應許之地〉、羅心怡〈我們這一代〉等，同時也思考：同樣是高中生，他們怎麼看自己、書寫自己。

找到自己的為什麼

賽門．西奈克在《找到你的為什麼》一書中談到，每個人都有屬於自己的「為什麼」，那是人生熱情的來源，只是自己不一定能馬上辨認出自己的「為什麼」。

於是我參考賽門．西奈克的方法，略作修改，讓同學們先蒐集屬於自己的故事，回望自己的人生歷程，並追憶：過去的自己遇到過什麼重要的人？發生過什麼重要的事？對哪些人事物難以忘懷？

接著，請每個人在一張白紙中間畫一條線，將剛才回憶的事件記在紙上。若是快樂、幸福、令你回味無窮的事件，就標示在線的上方，位置越上方就代表快樂的程度越高、越有成就感。若是悲傷、艱難、困苦，或是你不想重來的回憶，就標示在線的下方，位置越下方就表示越低潮、感受越負面。

其次，再將紙上最重要的幾件事圈起來，並自我扣問：這些事件如何影響我，使我成為現在的我？

從外面看自己

在自我對話的時候，可以採用變換人稱的策略，透過語言讓我們與自己保持一種距離。這是約拿·博格在《如何讓人聽你的》中提出的觀點。當我們使用第二人稱「你」，或站在旁人、局外人的角度與自己說話，可以幫助我們拉出距離，不陷溺在自我當中，而以更客觀、清晰的角度看待自己。這跟蘇東坡的體會不謀而合：「不識盧山真面目，只緣身在此山中。」

因此，我請同學們閱讀林懷民〈失足與起步〉，認識第二人稱的寫作口吻，並讓同學們設想：當生命只剩下一天，你回顧自己一路走來的每一步、每一個腳印時，你會有什麼感觸？會想對自己說些什麼？並請同學以第二人稱或第三人稱的方式跟自己對話。

恐懼症

鄭琇璟

排球從同學手中拋了出來，在空中形成一道拋物線，就快落到我面前時，我知道我應該伸出手接住球，但腳就是不聽使喚，一個側身躲過這顆球。

「你要接球啊！不然你永遠都考不過！」

這是我不知道第幾次的排球考試了。對其他人來說再簡單不過的排球傳接，在我眼裡，就是一個又一個隨時會砸到腦袋的「凶器」，如洶湧潮水般襲來。

我不確定是何時開始如此怕球，只記得從小到大，我身上彷彿有某種對於球的神祕引力場。無論是體育課練習排球，在運動場邊休息，甚至是跑操場時，都會被球打到。記得有一次國小的體育課，我們班和學長姐打躲避球，身材瘦弱的我理所當然被要求在場內。看著球以迅雷不及掩耳之速穿梭在人群間，我的腿止不住的顫抖，茫然跟著人群跑。當球傳到一個高大又胖壯的男生手裡，我驚慌地想往人群鑽，卻忘了自己正背對著他。剎那間，我的頭感受到一股強大的衝擊力，緊接著是一陣暈眩。我顛顛跛跛走出場外，整個世界都在眼前搖晃著，扭絞著，一切變得模糊，卻沒有一句對不起，或是要不要送你去保健室，反而是體育老師的一句：「二十一號，你哭什麼哭！」和周圍嘩嘩吵嚷的笑聲。

此後，踏上運動場的我就像一隻受驚的小白兔，害怕天外飛來一顆「殺人凶器」，害怕同學訕笑的目光，害怕體育老師劈頭蓋臉的謾罵。即便現在已升上高中，這種恐懼彷彿已深深刻在骨子裡，排斥如籃球、排球等有一定大小且會在空中「亂竄」的球類，導致我悲慘的體育成績，成為大家眼中的書呆子。

我不是沒想過克服恐懼，我曾嘗試控制自己不要一味躲開球。正當我伸出手，球卻徑直往胸口砸來，難道這就是克服恐懼的代價？僅存的希望像星星之火，太過微弱，禁不起大風的摧殘。

我澈底放棄了，做再多也是徒勞。

或許是我意志力不夠，但我真的累了，不想也不敢再試；或許是我缺乏抗壓能力，因為一點挫折就從此不願再接觸；又或許是我太在意他人的目光，不願在別人面前展現自己笨拙的一面。

比起學業方面的春風得意，體育彷彿是我的陰暗面，面向陽光時身後的影子。童年記憶如影隨形，像是隻揮之不去的蚊子，不時的嗡嗡聲擾亂著人的心智。雖然目前還沒找到消滅這隻蚊子的方法，但人生的路還很長，或許哪天會遇到超強防蚊液呢！

種子

盧尚恩

人一生的成長，不論生理和心理的狀態處在低谷或高峰，因著悟性而覺知，產生莫大的智慧，總能否極泰來，峰迴路轉。幸福的人生不是隨手捻來，而是水裡來、火裡去，千錘百鍊下的註解。和大自然的規律——日升日落、四季更迭，有雲泥之別，幾億年的天地萬物，宿命地面對生與死的輪迴，而人不甘於短暫的生存，非得留下幾許燦爛與火花。那一刻的體悟，就是源自成長的啟發，我這輩子要值得！

從嗷嗷待哺的幼兒，到雪鬢霜鬢、風燭殘年的生命停止鍵按下，唯有成為父母的經歷，才能通透的理解生命之喜悅、養育之艱苦、教導之苦澀，陪伴著五味雜陳的奉獻。我有幸在小學的自然實作課成為小爸爸，由上帝的視角來看待自己的成長，並反思自己的內心，直到現在我還是非常樂於參與這種戲中戲的劇情。

話說當年，自然老師將數十種不知名的種子分派給同學培育時，我把這任務執行得鋪天蓋地，家裡陽臺滿滿的種子部隊，由我這個指揮官來統籌日常的灑水工作。媽媽拿出我米粒大小的胚胎超音波照片說：「現在你是這些小種子的爸爸，媽媽如何照顧你，你就依樣畫葫蘆。」

種子發芽是我出生。過去，我曾因為疾病在加護病房二十一天和死神搏鬥。有些不發芽的種子，遲遲不冒出頭，讓我體會到當時病房外媽媽焦慮無助的心情。有些健康的小綠芽，每天向著太陽勇敢的長高，我就拿著尺，記錄著它們的成長軌跡，對比家裡牆上媽媽鉛筆劃下我的身高，那種成就感只有「家長」才能意會！

天氣預報颱風來襲，我錯估了颱風的威力，沒有搭棚子保護它們，不堪一擊的幼苗，連根拔起，隨風而去，失去的孩子們，將我的笑容也無情的帶走。我深刻體會到，父母希望孩子能平安健康長大的心願！

為了使植物們更有機的成長，我對它們說好話、唱歌、放音樂，除草、施肥，查資料、問老師和農業專家，點點滴滴的經驗都來自父母培育我的心血。全然置身在父母的角色中，是個意外。這使我更懂得珍惜父母的愛，感恩自己獲得成長茁壯的機會，陪伴著青春期的我。我不能叛逆，我懂得那種傷，父母會有多痛！

我撫摸著桌上植物的小葉子，期待它快快長大，可以移植到室外，又怕它在外風吹日曬，產出的水果被鳥啄食、被蜂叮傷。小葉子看膩了一成不變的書房，它更渴望四季的春夏秋冬，蟲鳴鳥叫，如果你能輕易地在兩種角色轉換心情，那你離成長不遠了！誰說成長一定要褪層殼呢？

呼吸

楊思祈

吸——吐——吸——吐——，雙腳踩在有些不平、布滿泥巴的柏油路上，傍晚濕熱的風夾帶大群蚊蟲，撲面而來，撞在我裸露的手臂、臉頰。吸——吐——吸——吐——，揮趕是沒用的，我告訴自己。吸氣——吐氣——，專注在一次次的呼吸，內心逐漸平靜下來，變得透明、澄澈……

升上小五那年，我加入了學校的田徑隊。我從小就很享受奔跑的刺激感，喜歡腎上腺素在血管裡流竄、微風拂過臉頰的爽快，能進入田徑隊自然是得償所願。然而在第一次練習後，我才發現不是這麼回事。「想要跑得快，基礎就得打好。」教練說。因此，每天早上的練習，我都繞著操場一圈圈慢跑，沿著樓梯爬上爬下，不斷訓練核心力量，這和我原先以為的大相逕庭。最難熬的是，在操場上繞圈子時，沒有優美的景色，只有一遍又一遍重複出現的體育館、教學大樓、民宅、體育館、教學大樓、民宅……，也不能看小說、划手機來解悶，真是太無趣了！

我的頭一天天的低垂，教練看出了我的困難，親自指導我。漸漸的，我終於學會了。

雙腳依然踏在最初的紅土地上，但現在的我不一樣了。看著一樣的景觀閃過，體育館、教學大樓、民宅……，我把心神拉回，吸——吐——吸——吐——，我專注在自己的呼吸上，一次一次，心念慢慢集中，把腦袋裡繁雜的念頭像掃地一般清出去。「風吹過湖水，在湖面上吹出漣漪，想要看到湖底，就得讓風停下來。」教練這麼告訴我。我在心中圍起擋風板，專注在自己的心底，一件件埋藏的心事慢慢浮出水面。隔著水面看到過往的對頭，朦朦朧朧的，回首過往，我有一點了解了他們，嘆了口氣，我鬆開手，他們的臉龐隨水而逝；一個畫面漂了過來，那是我極度自責的一件事，現在看來，似乎沒有必要這麼怪罪自己，於事無補，我該放下了。

回神過來，不知不覺天色已暗，家門近在眼前，燈光從窗簾的縫隙裡透出絲絲溫暖，我慢慢跑回家，結束今天的慢跑。雖然現在已經升上高中，退出田徑隊許久，但我依然保持著慢跑的習慣，每個禮拜都會到附近的田間小路，享受心靈寧靜的感覺。這些日子讓我獲益良多，「內省」尤其重要。在那之後，我學會與自我相處，那些等待與孤獨的時刻再也不難熬了，它們成了享受生活的方式之一。甚至每晚睡前，我都會悄悄的關上心門，留點空間給自己，一整天發生的事便會浮現腦海。我說的這句話是不是傷害到他了？明天去跟他道歉吧！今天這麼做是合適的嗎？我今天心情為什麼那麼低落？為什麼我這麼渴望做這件事？……

最後，對自己說：「晚安，你值得的。」

重質不重量

林信好

夏天的風黏膩非常，儘管已是傍晚，仍不減一絲一毫，瓦斯爐上的火更使其猖狂，越有星火燎原之勢，恍惚以為我置身的廚房為大蒸籠，而我則在烘烤間翻動鍋鏟，汗水慢慢爬滿臉頰、浸淫髮絲，使糾結一塊的馬尾更凌亂不堪。然而越加專注的我，卻逐漸遺忘了這環境，全心全意地在這熱氣奔騰的廚房內辛勤忙碌。

比起在操場上恣意揮灑汗水，或在斗室內遨遊於文字大海，我更喜愛從烹飪中獲取的快樂。即使備料繁瑣複雜，許多基本功須重頭練起，洗菜也是門功夫，然而我不曾為此感到疲憊。菜品的美味很大部分取決於刀工及食材的搭配，想著撫慰人心的佳餚及家人滿足的微笑，我漸漸喜歡上備料的過程，享受著務實努力的時光。

斜刀片魚，加入米酒、鹽、糖、胡椒少許，及一小匙醬油、半個蛋清，醃上八小時後才能下鍋煮湯……。我總喜歡用精細的調味、漫長的時光去成就一道美味的料理，雖然節省某些步驟也能得到尚可的味道，但既然多些努力能享受更好的滋味，何樂而不為？這便是我的價值觀——重質不重量，我們無法決定生命的長度，卻總是在時間的壓力下貪婪而拚命的往生命中填塞各種名利、金錢和虛榮浮華。我或許只是一個生命之海間浮沉的漁夫，只擁有一艘小舟和一個破網，東風不備，底氣也不足，若奢望可以捕捉所有的魚，最終只能望著魚一條條遊走，時光一點點流逝，回首一場空。所以我情願腳踏實地，先著手調整自己不足之處，休整身心，補固小舟，慢慢用學識和經驗將它充實為大船，並將網編織堅固，期待抓緊一個好時機可以乘風破浪。即使我一直等不到那刻，每日只能捉一、兩條魚，但我至少不會只有迷惘、無目標的載浮載沉，在死亡那刻，我希望自己不會後悔，因為我未曾辜負光陰，已為自己所愛而努力，實現生命最大價值。

山珍海味再昂貴稀少，可倘若不合家人胃口，我也不會呈現在晚餐；美好的願景櫛次鱗比，可倘若不能實現，再絢麗不過是鏡花水月。割捨夢想固然痛心，然而貪婪的想要實現所有期待，因此奔波忙碌而忽略路上的風景：初次成功的喜悅、轉瞬的會心一笑、與家人相伴的時光……，無法把握美滿，任時光由掌心流逝，待年老時感嘆曾經的癡傻，錯過最重要的時光，才是不值得。因此我從不後悔放棄某些理想，「重質不重量」是我貫徹生活的特質。

完美主義

林家禾

「老師，再等我一下！」我拚盡全力，嘗試以各種不同的零件，組裝這具上肢可活動的仿生猴子機器人，不知不覺，又過了十五分鐘，同學們也開始感到不耐煩，對我的作品指手畫腳，儘管採納了一些不錯的意見，但我始終覺得我的作品仍然不夠完美。

這具仿生機器人有兩隻圓弧形的手臂，由同一顆馬達控制，以搖擺的方式進行圓周運動。在機器人的胸前，我加上一個觸碰感應器，除了防止撞到障礙物之外，也作為裝飾，當成猴子的嘴巴。在機器人的腹部，我裝上最重的主機，以為我能使機器人的重心降低，爬繩時更穩定，然而問題就由此發生了。每次在爬繩時，機器人的手臂總是意外的脆弱，而重量最重的主機反倒使機器人時常偏離中心，但如果為了加強手臂的強度，再裝上更多零件，兩隻手臂又會互相干擾。儘管機器人已經能順利完成爬繩的任務，但過程總是搖搖晃晃，一點也不像身手矯健的猴子，因此結構還有加強、改進的空間。

我從小就開始玩EV3機器人，但每次上課製作作品，我總是需要比別人多的時間，常因為「結構不夠堅固」、「組裝方式會些微傷到零件」、「作品沒有對稱」，就使進度停滯不前。這種追求完美的方式，可能要以機器人的重量作為代價，才能換回更堅實的架構，但我卻始終無法打破它。

在我的觀點中，心有餘力，就要盡善盡美。不僅製作機器人，每次做小組的專題報告時，儘管在組員眼中已經有著完整的論據及架構，我還是喜歡花時間做一些畫龍點睛的裝飾；儘管只是一句話、一張圖片的差別，我還是會樂在其中的將報告做得更完整。

如同寫數學證明，我們要將推導過程寫得極其詳細，才能拿到滿分，我的完美主義雖然是個花時間的習慣，但同時也能使自己在時間歷練中，辦事愈來愈謹慎。這個生活中的細節，雖然常使我的做事效率不如他人，卻能讓我為成果多加一份保障。

我的布加迪

胡峻瑋

在擺滿了積木模型的櫃子中，兩側各有兩、三個騎士人偶和他們的裝備武器，有些是特定騎士所特有的手持武器組合，有些則是騎士們的裝甲、戰車。從左、右向內五分之一的地方，各停了一輛怪獸卡車。擺在正中央的，是一架由九〇五個零件拼砌而成的布加迪跑車，整輛車的外觀為黃黑色系，從開啟的鍘刀車門可以看到車內方向盤中央的布加迪標誌，而在跑車尾端的左右擾流板上，也貼著布加迪的ヨB，只是，左邊的ヨ有一小角卻皺皺的，如同剛有石子從湖邊沒入的湖面般。

在拆開布加迪跑車零件的外包裝紙盒時，跳出的貼紙標號1到35，隱約提示了成品的外觀將會十分迷人。組裝完成後，我看了看整部車的裝飾，貼紙確實讓整體看起來精緻許多，但跑車左後方的33號貼紙ヨ和34號貼紙B並沒有對齊，ヨ的三橫比B的高了約莫一毫米，儘管只有這一丁點兒微小的差距，卻讓我看得十分不舒服，眼神每每掃過那裡，就彷彿有無數小蟲向我襲來，使我如坐針氈。想要撕掉重貼，又怕撕掉後貼不回去；不撕掉重貼，又看不順眼，就這樣權衡利弊一番後，我做出了一個當時看來十分艱難的決定——撕掉重貼。

看著上偏的ㄋ，我對著貼紙邊緣伸出堅定的手指，試圖直接把它與積木分離，但在經過數次嘗試之後，仍然沒有成功，於是我想微微的摳起一小角，有個施力點，但奈何摳起的確實是非常小的一角，依舊無法施力。於是，失去耐心的手指逐漸加大對貼紙邊緣的力道，隨著指甲前端微微泛白，貼紙邊緣漸漸扭曲、褶皺，雖然貼紙邊緣最終與積木分離，但在分離的過程，卻也對貼紙產生不可回復的影響，就算我接下來把它細心對齊再貼回去，依舊看的出來它曾經被撕下過。

雖然現在再回頭看，會覺得這只是一件雞毛蒜皮般的小事，但當時百般琢磨、對於是否要撕掉重貼猶疑不定的心境，卻真實的反映出我對任何一件小事都十分的重視，哪怕只是這種一毫米的微小差距，也會盡可能的修補，就算知道結果可能不會十全十美，依舊全力以赴，接近完美。

慢行車

陳仕文

冬天的清晨，山區滿是寒意，氣象預報說今天寒流來襲，體感溫度低得嚇人。卻有人騎著鐵馬，汗流浹背地踩著踏板向前進。即使熱得令人不耐煩，即使渴得難以忍受，即使累的苦不可言，即使……，腳依舊一圈一圈地踩踏，車依舊一點一點地前進。

國二的暑假，我得到了一輛公路車，它陪伴著我走遍臺南各個角落。其中，我最喜歡與它一起去騎山路。從虎頭埤沿著一六八縣道往二寮觀日亭，是單車百岳之一的路段，也是我平時的練車場。單趟二十五公里以上、總爬升海拔五百五十公尺左右，其中最不缺的就是坡度百分之十以上的陡坡。

回想初來乍到之時，我在集合地點看著這段路的基本資料，「我能成功完成這段路嗎？」的念頭環繞在我的心中。對於當時沒有騎過山路的我來說，每個數字就像遊戲中的大魔王一般令人不寒而慄。一開始，我只顧往前衝。平地？衝衝衝！

下坡？衝衝衝！上坡？衝……衝……。這種莽夫般的做法在一般的路段行得通，但一碰到上坡——或者說山路，就完全不適用了。我靠著體力硬是撐過每個上坡，但發現才過四分之一的路段我就沒力氣了。好不容易撐到休息點，車友給了我一個字：「慢」。

在那之後，我每週都到同一條路線練車。儘管第一次的經驗實在累人，但登上山頂的那一剎那有不可言喻的成就感，讓我產生了莫大的動力及信心。

半年過去，同樣的人、同樣的車、不同的心靈依舊在同一條路徑上馳騁。「慢」才能讓每次發力更確實，「慢」才能減少腿的負擔，「慢」才能用心觀察、體會。從綠樹成蔭到落葉滿地，「慢」這顆種子逐漸長成了大樹。

單車帶給了我許多成長，「慢」的體會尤其重要。唯有慢下來，才留給自己更多餘裕去觀察；唯有慢下來，才能在過程中慢慢調適自己；唯有慢下來，才能好好體會周遭的美好。有時事情做得不順心，我總會問自己：「我有慢下來思考、觀察過了嗎？」

星球旅行

林啟德

依稀記得小時候的我在每次上高速公路時，總是坐在車內，把一雙眼睛睜得大大的，望向高速公路外不斷移動、變化的世界，各種告示、大樓在我貌似觸手可及的窗外飛身而過。

每次旅遊出發前，總是聽到大人們告訴我這趟旅程的目的地是哪裡，但對於那時候的我來說，我完全不理解臺南、屏東、臺灣、中國等地名的區別是什麼。那時的我認為這些地名分別代表了不同的星球，而高速公路則是連結這些星球的特殊通道。藉由這些通道，人們可以駕駛著汽車，到各有特色的星球上旅遊、探險；有些星球有著許多的房屋，有些星球有著美麗的農田，各個星球都不盡相同。我甚至開始好奇，在通道之外的那些房子裡面有沒有住人？那些人們是否呼吸得到空氣？或是這些通道是由誰來打造的？

稍微長大之後，我就馬上理解到，那些地名代表的僅僅只是地球上、臺灣島上的某些區域，而不是特殊的星球；高速公路也不是連接星球的通道，只是為了交通效率而設置的跨縣市通道。對於長大後的人來說，或許這些想像只不過是天馬行空、童言童語，但是這種想像力，在一個自認富有知識的人身上也可能欠缺，反而是在天真、無知的孩童身上，才能夠淋漓盡致的展現。

我曾經相信公路是連接世界的通道，後來發現，雖然這樣的想法是有瑕疵的，但豐富的想像是長大後的我所不能及的。知識也許就是力量，但有時候反而會成為想像的枷鎖，學習知識是必然的，但也要回過頭來開闊自己的想像力，而不被既定的知識所桎梏。

入學測驗

黃正淇

這好像是第五次把手腕翻轉過去看時間，疑！時間有變嗎？
這裡是……好像很熟悉又有點陌生……
是誰多開了燈，太亮了吧！

前面那幾個在幹嘛？有些人感覺很急，有些人感覺很焦慮。

喔！對了，我現在在……

喂！你好了沒啊！別再拖拖拉拉了！要快點去。
好好好好，等我一下，我拿個衛生紙……

唉！這題好歹也想了三分鐘了吧！一題數學到底是在難幾點的啦！我的OS都快從我的喉嚨裡跳出來了，到底喔！

一個一個慢慢試，兩個兩個慢慢代，三個三個慢慢解，那為什麼算的答案都不一樣，再拖下去，就沒料了吧！

看著看著，頭跟桌面的距離約略只剩一根鉛筆的距離吧！不可能啊！明明昨天十點就睡了，怎麼可能這時候還睡著。

眼前的文字敘述和阿拉伯數字全部攪和在一起，頭有點暈，事情好像有點複雜，情況從糟糕變成難以理解。

頭漸漸地從數字變成空白，突發性昏厥嗎？聽起來好熟悉。

這好像是第五次把手腕翻轉過去看時間，疑！時間有變嗎？

這裡是……好像很熟悉又有點陌生……

是誰多開了燈，太亮了吧！

前面那幾個在幹嘛？有些人感覺很急，有些人感覺很焦慮。

喔！對了，我現在……好像在考有的沒的入學測驗吧！

我有睡著嗎？感覺已經睡了很多次，每一題都覺得有點熟悉，每一題都感覺自己會寫，每一個答案都覺得一定是對的。左右隔壁好像是國小一起補習的同學，他們看起來都好像很厲害耶！我呢？頭腦總覺得有點昏昏。到底是卡在哪一小題？我原來要幹嘛？不知道要做什麼？不知道想要幹嘛？好像從多項式著手不太行，從代數方法下去帶好像也不行。該怎麼辦呢？時間滴答滴答的過去。

開始有點自暴自棄想著為什麼當初來考這個無聊的考試。想著想著，我翻了頁，決定跳過這一題。

這是我第一次跳過這一題嗎？好像之前也跳過同樣類似的問題，但是補習班老師在檢討時我並沒有認真在聽為什麼沒認真聽啊是跟隔壁聊天嗎？還是我也不知道。

試著去回想，試著去摸索，那黑板上寫著一條一條的算是搞不好是我這次考試勝利的關鍵我好想回到當初認真一次時間能依舊一分一秒的過去聽到鈴聲響起我把後面的題目全部都寫完了，唯獨這一題我不知從何著手，我似乎什麼都沒有發現，但我也發現了什麼都沒發現的這件事情，我從不去後悔過去所做錯的事情，雖然口頭會有點後悔，心裡會有點不甘心，但是我知道後悔是沒有用的，就下一次認真全心全意才有機會吧。

若曾昂首出於霪雨霏霏，今以舉目星辰夜雨晚待月。

改變

林容宇

昏暗的書房有些凌亂，不整齊的書櫃、滿是書的地板，關起房門，不再與外往來，薰香機的煙霧努力維持著房裡的一絲絲溫柔，好不違和。坐在書桌前努力不被外界所擾，但顯然有些困難。

雜亂的地面使我每日進房時都須小心翼翼，以免哪天又會再次絆到。拾起了幾張掉落在地上的紙張，第一次清楚的看見房間的不堪，就是這次讓我下定決心好好的收拾。

眼前撕破的考卷、泛黃的書本使我又夢回從前，破舊的玩具讓我回憶起童年。打算改變房間舊有的無趣，迎來新的氣象，移動書桌、書櫃的方位，過程中看到了兒時的繪本、照片等等都被掩埋在書櫃的角落，牆壁也重新打理一番，因壁癌而脫落的油漆重新粉刷。花了好長一段時間，終於將我的點點滴滴用紙箱收好，有些進了回收，有些捐出去，也有些留了下來，過程中少不了許多淚水、笑容、但更多的是感歎，感嘆時間的流逝，感嘆過往沒有好好的靜下心來享受人生。

不知過了幾天，我的書房煥然一新，他變得溫馨。書本井然有序的排列在書櫃中，狹窄的書桌也變得寬敞許多，牆上貼著幾張回憶，新的窗簾使整個房間明亮起來，地板拋頭露面，於是我買了一個懶骨頭。我喜愛在早晨時泡一杯咖啡，坐在懶骨頭上，隨著光影在文字間的穿梭閱讀小說，是多麼的愜意；我喜愛在傍晚，點著薰香蠟燭，配著熱茶，星星月亮交互與我相伴，是多麼的怡然。我的房間，成了溫馨小窩，每日期待再與他創造回憶，安心的沉靜在我的小小世界裡，不被干擾。

享受著我所努力的小小成就，他使我韶光再現，不再像過往的陰沉，生活也因此不再枯燥乏味，處處皆讓我留戀。也許，開始享受之後，才會了解何謂萬物皆是美。

一眼瞬間

楊致嘉

看著電梯裡的鏡子，稍稍撩撥微微發皺的衣服，無處安放的手讓我顯得特別狼狽。走出電梯後，映入眼簾的是幾扇看起來樸素的門。推開一扇掛著休息室字樣的門，裡面已經有了一些人，有些在背譜，有些人在閉目養神，所有人看起來都很享受氛圍，只有我顯得格格不入。「沒人在注意看你。沒人在看你。」我不斷的自言自語，彷彿這樣，我緊張的心就能稍稍安定。等等就要比賽了，我也開始複習早就背完的譜，想起那一顆顆的音符，我的心才安定了一點。

過了一陣子，一位工作人員通知第一位參賽者上場，緊張感瞬間如山崩海嘯般快速朝我襲來，我開始發顫，怎麼停都停不下來。在一個又一個參賽著比完之後，距離我上場只差三個人，做了幾個深呼吸，稍稍定了定神，這次我成功的讓自己安定下來。「你一定可以的。加油！」再一次的心理喊話使我充滿了力量。

三個……兩個……。要輪到我之前，工作人員讓我先到臺上準備，我緩緩的推開布簾，走入場中，坐在一旁的椅子上，靜靜地想著等等要表演的樂譜。上一位演奏完畢，終於，輪到我了。緩步上前，輕輕的調整座椅，又做了個深呼吸，我的心直線墜落，完了，真的完了，我又開始緊張了。

無助的我朝著臺下望了望，瞬間捕捉到了媽媽的身影，看到媽媽對我比了個棒的手勢，我徬徨的心彷彿被打了一劑定心針，整個人馬上就安定下來。

以前的我從來不相信有什麼事能在一瞬間為一個人帶來改變，但今天我改觀了。沒想到，鬼使神差的一瞥竟讓整個結局發生了翻天覆地的轉變。明明只是一瞬間的鼓舞，卻讓我體悟出了一生中最重要的答案——家人永遠會站在你身後，給與你力量，而我們要做的事就是，努力在前面綻放屬於自己的光芒。

下一站

施宏宇

秋天，大地迴盪著厚重的、嗚嗚的哼鳴，儘管是早晨，大雨肆虐地拍打在窗戶上，強風猶如癲狂般地搖晃著。而我卻身在其中，搭上離家不遠處便利商店旁的七十號公車，前往上學的路。

看著車窗外的雨絲緩緩落下，回首過往的點點滴滴。曾經覺得很重的書包變輕了，曾經覺得很高的黑板變矮了，但我還是曾經的那個我嗎？現在的我，是否是曾經的我所嚮往的樣子？

或許是年輕的狂熱，又或者是愚蠢至極的天真，我曾經認為科學會成為我一生追求的事物。可是當熱愛被現實沖淡，理想被不堪一擊的打倒，在我意識到之前，便已成長為十五、六歲的高中生，而時間仍舊以一種不可思議的速度前進。

對於曾經的我而言，成長，或許是種嚮往，對於天賦發展的期待。直到成長慢慢慢變成一種壓力、不安，變成因逐漸繁忙的事務感到窒息，變成面對未知的恐懼，變成檯燈下狠狠抓著的夜晚，逼迫著我成為比昨天更好的自己。

你對自己的表現滿意嗎？我常常這樣問自己。

在籃球場上肆意揮灑青春汗水、活躍於各種社團活動、遨遊於學海之間、過著充實生活的同學們……，我有做到和他們一樣嗎？

但或許，放下無意義的擔憂與恐懼，坦然的面對改變，對自己才是最好的選擇。

「下一站，臺南一中！」踏上仍透露著早晨水氣的人行道上，此時陽光正穿過掛滿水滴的樹葉，映在我的臉頰上，而我也不再像先前那樣畏縮，只覺得秋天的空氣無比舒適。

可能這樣的轉變，才是一種成長吧？

夜遊

潘宥希

「快點準備東西，記得拿雨鞋跟手電筒，我們要出發去夜遊囉！」在民宿老闆的呼喊聲中，不論是大人或小孩都加快了收拾的速度，帶著滿滿的期待跟上老闆的步伐，前往這趟夜晚專屬的生態之旅。

去一趟南投山區是我們家每年暑假的固定活動，不知從何時開始，我們家總會在暑假留下一段時間去山林中享受大自然獨特的清新氣息，讓身心靈得到放鬆，而我最期待的行程就是夜晚的生態導覽。

從民宿出發，沿著馬路到達溪邊，路上處處都可能藏有驚喜，路旁的水溝可能蹲著蟾蜍，剛經過的大樹上可能有兩隻樹蛙，連腳旁的落葉堆都可能藏著小雨蛙，而老闆就像一本生態百科全書，對這些生物可以說是瞭若指掌，在豐富又有趣的導覽中，我學會了如何分辨臺灣的兩種蟾蜍，聽到了各種不同青蛙的鳴叫聲，甚至學到了怎麼抓青蛙，才能既不會讓牠們馬上掙脫，又不會傷害牠們。

「噓！仔細聽！有沒有聽到青蛙在叫？」隨著老闆的一句話，大家瞬間安靜下來，所有人都在專心聆聽，「這應該是面天樹蛙喔，你們很幸運，今天剛好只剩這隻沒看到囉！」聽到這句話後，大家都開始四處張望，試圖尋找牠的蹤跡。當我低頭查看時，突然瞥見身旁草叢中褐色的身影，這不就是我們要找的面天樹蛙嗎？我趕緊通知夥伴們，大家一起認真聽著老闆介紹牠的習性，為這次的旅程畫上完美的句點。

由於這些旅遊經驗，我愛上了奇妙的大自然，愛上發現沒見過的事物時的欣喜，愛上不經意間發現不同生物時的愉悅，也讓我學會了用心觀察、注意生活中的細節，才能把自己所能做的做好，進而去追尋自己的目標。

想要

賴楚元

漫漫長夜，我輾轉難眠，心心念念的都是同學手中最新型的線上遊戲機，想到自己只能拖著不甘的腳步不斷回頭仰望，心中剩下的只有憂愁，我知道我不可能得到它……

從小我看到想吃的零食，只能嚥下口水；看到想要的衣服，也只能默默離去。媽媽總是跟我說：「我們家快沒有錢了，這些不必要的東西就不用買了。」我深深的相信能去上學就是最大的福氣了。

小學時，跟著媽媽一起去早餐店挑選特價的飯糰，是我每天最期待的時候，想著又能為家中省下一些錢，心中很是欣慰，雖然不多，但我相信這樣一定能幫助到我的家庭。看到同學帶來新的玩具，我都會睜大滿是羨慕的眼睛問他們：「能讓我玩玩看嗎？」有時，在學校還能吃到幾口平常買不了的零食呢！

直到國中，同學們都去了各大補習班補習，精美的講義和幽默的老師非常吸引我，但那昂貴的學費總讓我望而卻步。放學後，我總會跟著同學一起走在回家的路上，直到經過補習班，同學間琅琅的笑語聲轉為我一人孤單的腳步。回到家後，我不經意跟媽媽提到自己對補習的憧憬。

「那……去報名吧！」我為這句話感到十分震驚！

「家中的錢不是已經不夠我們生活了嗎？」

「其實……那是騙你的……都是為你好。」

我頓時感到晴天霹靂，小時替家裡省錢的信念崩塌，「為你好」這三字在腦中不停迴盪，我十分不解……。接下來家中的幾個夜晚，都只剩下夜鶯的鳴叫聲。

街邊的商店傳來一陣吵雜聲，穿著小學制服的男童拿著一支未拆封的手機坐在展示櫃前大聲哭泣，一旁的媽媽無奈的安撫著他「已經有一支手機了，之後再買好不好？」

「我……我要最……新的。」

我恍然大悟，理解了媽媽為什麼要這樣善意的欺騙我，也明白了「為你好」真正的含義。他希望我從中培養出節儉和知足的美德，儘管這種做法較為嚴厲，但也避免我沉入物質的慾望中，成為無法管理自己的人。

如今因為自己體驗過貧窮的困苦，對他人能投出同情和關心，也因曾經接受別人的施捨，促使我更期望成為一位給予者。

朔月星辰下，只剩下對媽媽無盡的感謝。

成為別人的光

李侑恆

看著電影裡相似的情節，記憶瞬間掉入過往，眼前是兒時的自己……

小時候的我，比其他小孩更加不懂事，只是因為一個再小不過的遊戲失敗，就隨意的發脾氣；只不過是某件小事不如意，就任性的大肆哭鬧。

隨著年紀漸長，逐漸踏入團體生活，開始意識到自己過往的錯誤，在與他人的合作過程中，慢慢發現自己總是造成別人的困擾：我總按照自己的想法行事，不管別人，不顧大局，拖慢大家的進度；和家人相處時，也總是拿自己的事增加他們的負擔。站在理性角度思考後，也許帶了一點悲觀想法，但清楚的意識到自己是多餘的，對同儕而言，對家人而言，對整個世界而言，都是如此。

成長，也許就是清楚的認識到自己的處境，也許就是看透以後，不敢再像以前一樣從心所欲，做事情的都是被安排好的，或是世俗眼光中我該去做的。成長，不代表快樂的到來，後來的我過得並不快樂，但同時我也發現，似乎自己不再是別人的麻煩，似乎不再顯得那麼多餘，很偶爾的，也能成為別人的支柱。

要是能夠重來，我一樣會選擇經歷成長，也許不再快樂，但或許也能為別人帶來快樂；也許無法照亮自己，但也期待能照亮別人，成為別人的光。

畫畫的奇妙魔力

廖致傑

在我的成長歷程中，最驚喜的發現是我對畫畫的熱愛。從小，我就對彩色筆和紙張充滿了好奇，喜歡用手中的工具在紙上塑造出自己的想像。畫畫成為我探索和表達內心世界的一種方式，一種純粹而奇妙的魔力。

這個發現並非一朝一夕，而是隨著年齡的增長和經驗的積累，逐漸浮現出來。從小學時期的美勞課到高中時期的美術選修，我不斷地嘗試不同的繪畫技巧和媒材，探索自己的風格和創作方式。每一次的創作都是一次對自己的發現和探索，也是一次對藝術世界的愛意深深的體會。

畫畫對我來說不僅僅是一種興趣，更是一個能夠自由表達情感和想法的窗口。當我拿起畫筆，面對空白的畫布，我可以盡情地傾訴內心的喜怒哀樂，創造出屬於自己的獨特世界。這種創作的過程帶給我無窮的樂趣和滿足感，讓我感受到藝術的魅力和重量。

然而我並沒有把畫畫視為一個職業的選擇。我深知藝術創作是一條充滿挑戰和競爭的道路，而且我也有其他的興趣和職業目標。這並不妨礙我繼續享受畫畫帶給我的喜悅和滿足。我把畫畫當作一種逃離現實的方式，一個與自己對話的時刻，一個能夠讓心靈自由飛翔的空間。

未來，我也許會考慮將我的繪畫作品投稿給雜誌或出版社。這樣不僅可以讓我與更多的人分享我的藝術創作，也可以為我的畫畫之旅增添一份新的挑戰和動力。即使這只是一個小小的夢想，但我相信每一次的嘗試和付出，都會使我更加成長和進步。

無論畫畫在我的人生中扮演著什麼角色，它都是我無法割捨的一部分。這個發現讓我明白，每個人都應該找到自己真正熱愛的事物，並且在其中尋求喜悅和滿足。畫畫給了我一個無限延伸的空間，讓我以自己獨特的方式感受生活的美好。當我拿起畫筆，我知道我找到了一個屬於自己的奇妙世界，一個能夠激發我夢想的源泉。

拼圖

陳以勤

在我國中時期，因為遇到了疫情，想找些事情打發空閒的時間，順便挑戰自己的毅力，就買了一盒兩千多片的拼圖。這盒拼圖的難度非常高，需要耗費很長的時間和耐心。我花了一年多才終於把拼圖拼完，我感到非常滿足和自豪。

然而在拼的過程中，我發現缺少了一塊拼圖，不斷在剩餘的拼圖中四處找尋，卻一無所獲。起初我以為是自己沒有用心找，並沒有放在心上。但就在拼圖完成時，仍舊然找不到那缺漏的一角，我開始焦慮了起來，因為我付出了這麼多的努力，卻因為一個小小的缺陷而讓整幅圖景顯得不完整。

在拼拼圖的時候，因為拼圖塊的數量太多，我習慣將圖形的同一部分先挑出來，經常把拼圖塊亂七八糟地丟在桌子上，沒有好好整理。我曾問過媽媽，有沒有在整理時看到拼圖塊掉在地上，但也沒有結果。我幾乎把整個房間都翻了過來，從最有可能的書架間縫隙，到最不可能的獎牌架上都找過了，還是找不到。

就在幾乎要放棄的時候，某天放學前，我在學校整理書包的時候，竟發現那塊缺失的拼圖塊就卡在書包的角落裡，像隻受傷的小貓，驚恐的閃避每一道銳利的眼光，將全身摺疊、收攏在牆角最幽深的縫隙裡。當時的我，內心是多麼的興奮！當我把那塊拼圖放回去時，整幅拼圖變得完整了。看著整片幾乎跟我展開的雙臂一樣寬的拼圖擺在眼前，讓我覺得一整年的付出都值得了。

這段經歷讓我意識到環境整理的重要性，因雜亂的環境而失去，又因整理的過程而復得。仔細看那片拼圖上，有著在書包裡被擠壓所產生的皺褶，但我選擇不更換它，就像戰士身上的傷疤，用來警惕自己不再犯同樣的錯。

成長

蔡依珊

信手翻閱著兒時的照片，回首起過去成長的點點滴滴，看著小時候的我，坐在鋼琴椅上，臉上流露出無比燦爛的笑容，沉浸在掌聲的喜悅當中，多麼的天真無邪啊！如今，來自家人、老師以及身邊同學的壓力接踵而來，那曾經的不受拘束已不復存在，取而代之的是眾人的關注，以及過來人的經驗談所帶來的束縛。

我深刻體會到，成長是一個不斷學習和挑戰的過程。在失敗的經驗中，我找到了成長的機會，也學會了如何面對挑戰和應對失敗。曾經，我有一個國手夢，成為科學奧林匹亞競賽的國家代表隊。當時，我相信身邊的人會支持我的夢想，給我鼓勵、給我希望。但現實卻是如此殘酷，沒有人支持，甚至常常聽到家人的勸退，這對我而言是一個巨大的打擊。

然而我並沒有放棄，反而更加堅定了自己的決心。為了實現自己的夢想，我開始著重於學業，並且不斷提升自己的能力。學校的段考、資優班的考試以及各種大大小小的數學、自然競賽，這些都是我為實現自己的夢想所做的努力。過程中雖然充滿了挫折和期待落空，但我從中學到了許多寶貴的經驗和教訓。我學會了如何在失敗中找到成長的機會，也讓自己變得更加堅強，更有自信。

我深信只有真正努力並付出行動，才能實現自己的夢想。「成功的秘訣在於始終能將你的精神集中在目標上，並堅持不懈地努力。」基於這樣的信念，我會繼續努力學習，不斷挑戰自己，並且相信自己能夠實現更多的成就。我相信，每個人都有實現夢想的權利，只要堅持不懈地追求，就能實現自己的目標。

給十七歲的我

葛彥宏

小時候的我是個火車迷，為了收集車站印章而遊歷各地——當然是在有父母陪同的情況下。因為有了全知全能的父母，所以我沒有、也不需要有一絲煩惱。

不久前，我要獨自一人到新竹去考試，這對已擁有多次旅遊經驗的我來說，其實沒什麼困難的。這趟旅行的目的也很單純：超越去年全國第二十二名的成績，金牌獎（全國前十名）勢在必得。

去程路上，傾斜式的普悠瑪列車意外的平穩，考卷也寫得極為順利。我難掩興奮的小跑步，離開清大校園，渾然沒察覺到一場小災難正醞釀著……

光復路上的車輛開始有點回堵，直至三點三十五分，公車才緩緩地開了過來。經過我的估算，理想上，三點五十分可以抵達車站，屆時離四點十分還有好長一段時間。

可惜一切不能如我的預測。三點四十七分，公車才開不到三分之一的路程，半小時前的喜悅已經消散了大半。四點九分，公車到了，但是我早知無望趕上。我刷了手機條碼進了站，在第一月臺看著車子自第二月臺緩緩駛離，駛離的還有我訂好的座位和隨票的便當，以及我一整天的好心情。

帶著點失落感，我緩步走到第二月臺，徑直的往前走到第十二節車廂處，來到一個看起來像站務室的地方。那個站務室蠻整潔的，裡面只有一位看起來經驗老道的站務員。我有點緊張，但還是儘量以緩和的語氣陳述狀況。

我一開始很擔心他會有點敷衍，或是會講出一堆我完全聽不懂的推託話語，不過他很快地打破我的預想：「噢！沒關係的，我幫你看一下，你要回家嗎？」

「是的。要到臺南。」

「臺南的話……」他仔細地端詳了站務室內的螢幕。「要等到五點十分噢。」的確，跟我在公車上絕望時就先查好的時間一模一樣：一個小時。

不過還有更要緊的事情：車票問題。雖然我印象中，除了無站票的特殊車次以外，都是不需要補票的，不過我還是再次確認一下。

「那請問我需要補票，或是要重新買一張嗎？」

「不用啊。你就直接上車，找一個位子坐，單獨的座位應該是不難找的。這樣就不需要再重新買座位了。」我最後的一絲擔憂也沒了。

「隔壁的位子可以坐，就在那邊的月臺上先坐著等等吧。」站務員已經幫我想得這麼遠了。

我望向那邊，是第十三車的等候處，看來確實是不會有人在那邊，也好。細讀著剛剛寫完的考卷，一個小時很快就過了。上車前，剛剛的站務員還特別提醒我要自己找一下座位。只是，雖然今天不是上班日，但是傍晚的車上還是全滿的。我站在車廂的交界處，看著牆壁上「請勿坐在此處」的標語，希望有人可以趕快離開，救贖我麻木的身軀，但卻遲遲沒有發生。

站了一個小時，臺中到了，按照我的經驗，除了會多出很多座位外，這裡應該還會有便當送上來，也正好解決口腹之慾。等待新的一批乘客都坐定位後，我才感應自動門，進到車箱內尋找可棲身之處。在經歷了幾次坐下，又被其他人叫起身的循環後，我終於能夠坐定。

逐漸空曠的車廂依然平穩的行駛著。此時的我已經放棄等待餐車，傳訊息給爸媽請他們準備晚餐，心想再撐一個小時就好了。時間到了晚上八點十分，七分鐘後就會抵達臺南站，突然一股不尋常的威壓走進車廂……

那股氣勢是來自一個中年人，別著領帶夾，戴著列車長的帽子，我心裡暗想，或許只是來驗票的。但列車長卻穿梭過整節車廂沒有驗票，徑直走到我那一排，並停了下來。

「你的車票呢？」列車長以一種嚴正的口氣要求查驗我的票，我拿出我的手機，對他展示著有些刺眼的螢幕。

「當初沒有搭到預定的一三五次，所以改搭這班車，票在這裡。」我如此陳述著。

「你的換票證明在哪裡？」他嚴肅的問著我，彷彿我的車票是無效的一般。

我搭了這麼多年的火車，從未被要求同車種需要換票證明。「我有先詢問過新竹站的站務員，他說我可以直接上這班火車並自行找位置坐。」我陳述著事實。

「什麼？！你說新竹的站務員叫你直接上車？你沒有這班車的票或者證明啊？」他提高了音量，把整車的眼光都吸引過來了。

「是的，我詢問過第二月臺上的站務員，他說可以搭乘的。」我還是秉持著客觀事實，繼續陳述著。

他則持續自言自語：「怎麼可能……新竹的人在做什麼……」

他質疑我：「你說新竹的人叫你上來的，他叫什麼名字，我現在就打給他！」但我怎麼會特別注意站務員的名字？我感到有點茫然，更多的是錯愕。

迫於列車長的威壓下，我還是照著他的問題回了：「他在第二月臺，第十二節車廂處。」他聽到後更加的不滿，對著我吼道：「我現在就打給他！他怎麼會讓你隨便上來……」之後我已經聽不到他在抱怨什麼了。他拿出了一張紙條，拿起電話撥給新竹車站。此時，列車正好播放了即將抵達臺南站的訊息。

「抱歉，可是我是要到臺南……」

「你不可以上這班車！」列車長的聲音傳遍了整節車廂。他也沒有回應我能不能準備離開，而是擋在我面前接通電話：「我是……的車長，剛剛我驗到一個小孩拿著一三五的車票，一直說是你們讓他上車的，啊他說是在第二月……」

他講了好長一段，又突然把電話塞給我，叫我自己去跟新竹站解釋。但說實話，我想另一端現在應該也是跟我一樣一臉茫然，因為我根本聽不清楚那老舊電話另一端的聲音。沒等我講了幾句，列車長又突然從我手中抽走電話，列車也剛好停穩在了臺南站。

列車長走下車進行慣例的到站手續，我也終於能在群眾的異樣眼光中下車。不過，列車長繼續在車門口打電話給新竹站的人員，示意我不可以離開。

又過了好幾分鐘，下車的旅客也都已經出站了，但車子還沒有要開。他訓斥著我沒有把握時間去換補票證明，最後才在車內群眾的注視下，回到那班我再也不想坐上的列車，關上了車門，緩緩離開。

我先是癱坐在第二月臺上的椅子許久，才打起身子拖著軟弱的步伐離開。出站時，站務員沒說什麼，只是叫我走人工閘口離開就好。經過漫長的四個多小時，我得以回到如伊甸園般的家裡。

後來我才明白，臺鐵有規定，不及乘車者，須憑票經車站改簽，才能搭乘當天同等級列車。未經車站簽註乘車的話，視同無票乘車。雖然身為資深火車迷，但對於乘車規則，我仍未完全摸清楚。

吃著遲來的晚餐，父親講述著他以前從未向人提起的遭遇，聽完後我才理解到，原來這才是社會的真相，存在著許許多多的明規則、潛規則，難以看清。我們就像卡夫卡《城堡》中的土地測量員，永遠在摸索路徑。

我把這份經歷與體悟作為禮物，送給即將十七歲的我，因為此後的我，還要在社會的城堡中不斷摸索，不斷長大。

最後一天

林啟德

睜開雙眼，又是那陰暗昏沉，給人滿滿壓迫感的天花板。吵鬧的嗶嗶聲提醒著我還未與世長辭，看著身上那些大大小小，像蛇一樣的導管在我身體上流竄，我想起自己正躺在病床上奄奄一息。究竟有多少天了？我受困在此與世隔絕，偶爾來探望我的人們，總是帶著如同他們拿來的假花一般失真的強顏歡笑。

或許該停機了，我這殘破不堪的軀體。那些記憶的碎片組合成我的人生，浮現在腦海中。回想自己一路走來的足跡，愛情、友誼、感激、道歉、寬恕、希望、救贖，在我生命最後的這一刻，我想對自己的努力掌聲喝采，為自己那一次次的困獸猶鬥致上最高的敬意。

現在想來，最適合形容我的詞語是「頑強」。但誰能知道，在堅強外表保護下的我，是多麼脆弱？依稀記得我每次崩潰嘶吼時，陪伴著我的黑夜。人們害怕黑夜，但我擁抱黑夜。

頑強了這麼久，如果當年多一點忍讓，或許可以少吃一點苦頭。有的時候，就是衝著一個面子，血氣方剛的我，以為事上沒有自己解決不了的問題，卻高估了自己的能耐，讓自己陷入無盡的泥沼。若能多一點對他人的和善，現在的病房也不至於這麼冷清吧！

視線越來越模糊，聽著自己粗咧的喘氣聲，最後的跑馬燈也即將落幕。但我不後悔，我只想大聲的把自己的故事歌頌給別人聽，如同荷馬一樣吟唱著……

很高興認識你

張弘霖

薄暮時分，走在沙灘上，和煦的陽光溫柔地照射在我的臉上，略帶鹹味的海風迎面拂來。一個手腳沾滿沙土的男孩朝著我奔來，我趕緊給他讓路。在他這個年紀，大概任何事都比不上玩樂來得重要吧！

隨後，我便跟著沙灘上這個小巧的足跡走，直到看見了一座偌大的沙堡，而創作者就是那個小男孩。定睛一看，才發現那竟是童年時期的自己。

離開了沙灘，沿著一排高大的木麻黃，走到一座籃球場，隨手從地上撿起一顆籃球。我這一大把年紀了，自然是不會有年輕人願意跟我打球，便只能在一旁投籃自娛。不料此時，有個少年走來，邀請我和他來一場單挑。這個少年，原來是學生時期的我，一身黝黑的皮膚，搭配著濕漉漉的球衣，和腳上的名牌球鞋。

比賽來到賽點時，我假裝守不住他，讓他取得了勝利。料想此時的他，最看重的無疑是勝負吧！他開心的笑了，而我的嘴角也就不自覺地揚起了！

駕車來到一家飯店，準備享用晚餐之際，忽然聽到隔壁連綿不絕的掌聲加尖叫。我探頭望去，一對郎才女貌的新人正在舉行結婚晚宴，怪不得樓下停車場擠滿了蟻陣般的千萬名車。湊近一看，這新郎不就是年輕時的自己嗎？看著逐桌敬酒的新人那甜蜜的互動，新郎不時留意著是否有款待不周的地方，我很滿足且欣慰地笑了。再注意到桌上的食材與數十桌的大排場，年輕、事業有成的那些記憶泉湧上心頭。

赫然驚醒後，躺在自家的床上，慵懶地伸個懶腰。原來剛剛的一切，不過是一場夢而已，卻又是那麼真實。往事一幕幕在面前播放著，彷彿觸手可及。

回顧這一生，可謂多彩多姿，我也就了無遺憾了！我最後想跟自己說聲感謝，感謝你多年寒窗的努力，感謝你在事業顛峰時期的打拚，感謝你讓我此生過得這麼快樂……

最重要的是，我想告訴自己：「很高興認識你！」

第二堂課

試煉：與挑戰對話

什麼是我的天命？我認為生命中最重要的事是什麼？

我花了多少時間和精力，在我認為重要的事情上？這對我產生什影響？

我如何看待課業、作業、考試或競賽？課業、作業、考試或競賽為我帶來什麼？

學習與成長的路上，我曾遇到什麼困難？我如何解決？

我如何看待成功與失敗？

過程重要還是結果重要？

我犯錯時，會用什麼態度來面對？當我的錯誤影響別人時，我會怎麼想？

我有沒有看到身邊的人為我付出了什麼？

當事情不如預期時，我會怎麼辦？

日本每年一月二至三日會在關東地區舉行「箱根驛傳」，從東京出發，至箱根蘆之湖折返。每隊參賽的十人需接力完成二一七．九公里的長跑路程，不只考驗個人的體力、耐力與意志力，更考驗團隊的默契與凝聚力。

三浦紫苑的小說《強風吹拂》，便描述十名個性迥異、沒有馬拉松競賽經驗的大學生在主角的號召下，決定參加「箱根驛傳」，並集體展開高強度訓練。這支雜牌軍當然難以跟傳統名校抗衡，但面對挑戰的過程，讓他們學習到「這地球上存在的最珍貴事物——喜悅、痛苦、快樂，或是嫉妒、尊敬、憤怒，還有希望。」

挑戰難免帶來成功與失敗，但除了終點的那一瞬之外，漫長的試煉過程才是我們能與挑戰細細對話的時刻。與挑戰對話，讓我們更能突破自己的極限，快速成長，也了解自己究竟可以為夢想付出多少。

小小世界

在思考上述的問題前，我先讓同學們閱讀一穗ミチ《小小世界》中的一則短篇小說〈魔王歸來〉。

故事中的主角面對的挑戰是一場地方上的「撈金魚大賽」。決定參賽的三個人，各自背負著人生路上的挑戰與傷痕：第一位是擁有女摔角選手體格、言行舉止豪邁的真央，她的丈夫罹患不治之病，為了不想拖累真央而堅決與她離婚，深愛丈夫的真央雖然內心不捨，卻又無力改變丈夫的想法。第二位是真央的弟弟雄二，身為棒球校隊成員，因看不慣學長霸凌學弟，一時氣憤大鬧球場，被迫退出球隊，轉到另一所學校，球隊也遭到甲子園禁賽的處分。在陌生的學習環境中，對課業毫無興趣的他，帶著眾人排擠與疏離的眼光，渾渾度日。第三位則是雄二的同學菜菜子，小時候父母仳離，母親改嫁，但某個夜裡新爸爸竟意圖性侵她。母親知悉後，不僅沒有維護菜菜子，反而對外宣稱是菜菜子主動勾引，菜菜子也因而臭名在外。

雖然「撈金魚大賽」只是地區性、非正式的一場趣味競賽，但為了奪冠，三個人努力練習。他們想著，人生中總是輸給別人的意志力，這回能不能贏一次？而三人最終也發現，輸贏其實沒有那麼重要，能為自己的人生帶來一段歡樂的記憶，才是參賽的真正意義。

我希望同學們思考：求學階段難免要面對眾多的作業、考試與競賽。除了競賽場上的挑戰外，離開了競賽場，你又會面對哪些生活中的挑戰？這些試煉對你而言，真正的意義是什麼？你想從中得到什麼？

自我覺察

與挑戰對話的時候，最重要的是自我覺察。面對挑戰的當下，能察覺自己的情緒，並進一步接納與轉化，更能從試煉的過程中了解自己，獲得成長。

因此，我參考《薩提爾縱深對話》的六A步驟，請同學在面對挑戰時，花四十秒與它對話，陪伴自己，而且每天都可以如此反覆練習：

一、覺知：覺察自己湧現什麼情緒。

二、承認：承認我此刻的這種情緒。

三、允許：允許自己擁有這種情緒。

四、接納：接納自己的情緒。

五、轉化：深呼吸、流淚、微笑、大吼一聲或放鬆肢體。

六、欣賞：欣賞自己，感謝自己，給予肯定。

化身為一樣物品

面對挑戰時，自己的感受或情緒往往是抽象的，因此，我希望透過具象語言的運用，讓同學們更具體而深入的覺察自我。

我請同學們忘記自己在哪裡，忽略自己目前的身分，並且想像：如果可以，你現在最想變成什麼東西？並讓自己完全變成那樣物品，如果你是一朵花，就請你扎穩自己的根，伸展綠葉，用力綻放花朵；或是正受到風吹雨打，凋零飄落。如果你是一朵白雲，那就在天空中自在飄浮；或是身不由己，隨風牽引。如果你是一艘船，那就伴隨著藍天碧海，緩緩前行；或是在驚濤駭浪中掙扎翻攪，寸步難行。

藉由全身肢體的投入，深化自己的感受，讓自己更能明白而細膩的說出自己的內心世界。

成績單

楊思祈

打開成績單，參差的數字映入眼簾，不好看，但我不因它們而失望難過，因為，我已明白自己的心。

我一直都很愛讀書。讀書，對我來說是生活的樂趣之一，親自推敲那些文字、數字的感覺，勝過和好友談天說地，因此我總是樂於投入數倍於別人的時間來讀書，成績自然就特別好。然而國中時，我漸漸迷惘了。

週週、天天、節節的考試堆疊再堆疊，先是「畢氏定理」，「浮力原理」緊接在後，「古典詩選」馬上襲擊而來……太多太多的考卷、太多太多的分數，我漸漸被那些一百、九十、九十五模糊了眼睛。慢慢的，考卷上的字開始消逝，我便只看得到上面大大的數字了。

我努力了許久，讓那數字從八十五、八十九，慢慢推進到九十五、九十八，但卻怎麼努力也沒辦法再往前，這種急切求好的心情，給了我很大的壓力，而且從前讀書時那喜悅的心情，也不復存在。那數字越高，我的笑容卻不見增加，反而減少了。這種生活有什麼意義呢？我開始懷疑。

禍不單行，因為家族遺傳的關節炎併發症，我患上了睡眠障礙症。每晚總要輾轉反側許久才能入睡，入睡後又時常醒來。這麼長久下來，我有了嚴重的頭痛。

頭痛，悶悶的痛，彷彿腦袋裡有一顆巨石。不移動的話，倒只有沉重的壓痛感，但若稍微走動，腦袋裡的巨石就會恣意跳動，碰撞我的頭殼，好像我的頭成了一座大鐘，那巨石如鐘槌在我腦袋裡撞得「噹噹」大響，疼痛也隨著鐘聲擴散，甚至當我靜止時，那疼痛也不會馬上褪去，而是持續的、頑強的存在，彷彿「餘音繞樑」。在疼痛的肆虐下，我根本什麼事也無法完成，更別說維持好成績了。

我的成績節節敗退，想要咬牙撐下去，但現實不允許。我吶喊著，卻沒有人聽見。無助的我，只好自己縮成一團，瑟瑟發抖。在寒風中，那困擾我許久的問題又再次浮現：這麼做有什麼意義？我真的有必要為了一個數字，付出這麼多嗎？奇怪的是，那疼痛巨大的聲響，遮住了我心中其他的反對聲音。忽然事情變得簡單：不必。

發現自己以前所做的那些事都是可笑的。從前，我的努力換來的是贏，贏過別人、贏過自己，我在方寸之地奮力耕耘，但收成卻每每不如預期。贏，不能帶來真正的喜悅，只有無盡的奔馳。但在疼痛肆虐之時，我所做的每件事都要付出極大代價，贏，再也不夠了。我回想起從前那單純的快樂，僅僅是明白一件小事，探究出一個道理，就足以讓我開心一整天。原來，我愛的是學習這件事本身，而不是它所能為我達成的目的。當我忽視自己所學的內容，僅在意它能帶給我的分數時，我永遠也不滿足。然而當我認真的面對一字一句，如同在廣大的原野漫遊，隨手採集取之不盡的野果，它們甜美的汁液入喉，沒有緊湊的時程、工作，只有自如自適的優閒時光。我終於明白，有些事，不應是到達目的的手段，而應是目的本身。

升上高中，靠著醫療的幫助，我幾乎能像正常人那樣生活，但那段痛苦的日子，我從未忘記。我依然在乎分數和名次，但不再汲汲營營，追尋天邊的雲影，而是隨心採摘處處可得的漿果。疼痛仍烙印在我心中，但就是因為它，使我明白了自己。

花瓶的練習

蔡承恩

「一、二！一、二！」走在前方的隊長精神抖擻地呼喊著前進的口號，沉重的禮槍似乎仍壓抑不住我因緊張而不停顫抖的手。我踩著略顯不安的步伐，跟隨著隊伍朝著廣場的中央走去。

這是我高中生涯中的第一場儀隊比賽，也是我人生中第一次參與如此大規模的盛會。腦海中依舊清晰地烙印著兩個月前初次加入儀隊練習的場景。那時的我，連要拿起重達兩公斤的禮槍都有些吃力，更別提要做出各種複雜且又具技巧性的動作了。儘管身上充斥著剛入儀隊時如火的熱情，依然免不了被艱辛且繁瑣的訓練過程潑了一身冷水。當時真有那麼一股想放棄的衝動。

然而這一切在一個月後有了戲劇性的變化。

當時，隊長告知我獲選為旗隊的護槍，也就是說，在比賽時我只要負責站在旗官的一旁拿著槍發呆就好。

正當我天真的以為老天要為我降下甘霖時，殊不知等待著我的卻是山洪暴發。旗隊的練習不只不如想像中輕鬆，甚至比我原本的訓練更加痛苦。由於是整個儀隊的門面，儀態的要求可說是相當嚴格。每次訓練前都必須先手拿著槍，緊貼牆壁站立三十分鐘後才能開始練習。練習的內容更是枯燥乏味，除了走路和轉身外就幾乎沒有其他動作了。而也因為動作不多，所以我更是被要求要把每一個動作都做到極致。每一次抬腳的高度、角度、速度，都必須要精確到位。也因此每當我在練習時瞥見一旁的槍隊把弄著手中的禮槍，做出各種花式動作時，心中是既羨慕又嫉妒。

身為大家口中的「花瓶」，旗隊的存在似乎就只是為了襯托槍隊的華麗而已，表演結束後，人們也似乎只會記得槍隊精彩奪目的表演，而忽略了站在旁邊木頭般的旗隊。這一切都不禁令我懷疑，我為此付出的汗水、血水、淚水，是否值得一次若有似無的表演？

毒辣的豔陽再次灼上雙臂，伴隨鹹濕的海風拂上早已通紅的雙頰，耳邊響起的是那個熟悉的聲音：「表演完畢！禮畢！」頓時，如雷的掌聲貫穿雙耳，周遭細碎拍打的海浪聲和風聲都如同關上靜音一般。正當我仍在錯愕中時，濕熱的眼淚早已不聽話的奪眶而出。不知是為了掌聲而哭？還是為了這兩個月努力付出的自己而哭？無論答案是哪個，我唯一了解到的是：「花瓶」，絕不是一無是處的陪襯品；恰恰相反，正因有了花瓶的樸素呆板，而更顯現出了花兒的嬌豔欲滴。

試煉，石終將蛻變為玉。

告別暑假

葉睿穎

臺南的夏天，是四季中最酷熱、最難捱的季節。太陽肆意宣洩著它無邊的熱意，走在路上都得擔心踩到融化的路面。夏天也是離別的季節，就像小學畢業致詞一貫的開場白：「六月的風，捎來了離別的氣息……」所寫道，夏天送走了多少人的青春，又開始了多少生命的新旅程。在這樣一個富有意義的季節，我坐在因冷氣卡欠費而熱得像個蒸籠的教室裡考試，縱然後背已為汗水打濕，數學考卷上的題目卻讓我的心一陣陣冰涼，恍惚間見到快樂而和平的暑假和我揮手道別。

讀書考試是所有東亞人民一生都得邁過的坎，當補教業者喊出：「別讓孩子輸在起跑線！」加上華人未雨綢繆的傳統觀念，家長們便習慣從小就讓孩子們去學習各種學科知識。許多孩子甚至在升上國中前，就被要求精通學測範圍的內容。令我慶幸的是，我的父母並不以那種嚴苛標準要求我，但也希望我能比別人先跑幾步。

於是乎，當時還在上幼稚園的我，第一次邂逅了數學。數學給我的第一印象是相當和藹可親的，一方面是升上國中前，我參加過幾個民間的數學比賽，僥倖混得幾個獎項；另一方面是當時我的數學成績的確領先同儕一截，於是短暫地產生自己還有數學天賦的錯覺。策略性電動遊戲有個術語稱作「新手保護期」，指的是在剛進入遊戲的的那一段時間內，玩家得享有特殊優待。現實生活中，「新手保護期」可以體現在第一次釣魚必中大魚、頭一次買刮刮樂必中獎諸如此類的事情。而我數學的「新手保護期」，就在升上高中的第一個夏天戛然而止。

那個夏天的休業式，當我和同學結束打掃工作返回班級時，數學老師如鬼魅般毫無預兆地攔住我們的去路，手裡還抱著一包厚鼓鼓的牛皮紙袋，看上去和當時裝數學考卷的袋子一模一樣。在我眼中，那好比砌墳時破土的鍬鋤，即將埋葬我的整個暑假。沒多久，數學老師如願以償地將試卷交給了我，而後其疾如風地走了，只留下我痴痴地望著試卷上一圈圈鮮明的紅色失神。不單單是因著紙上的成績不甚理想，更是預見了家長將會如何絮絮叨叨地說：「你現在數學成績下降如何如何」、

「屆時學測會完蛋云云」、「學測完蛋人生也完蛋了」諸如此類的話語。我一面黯然神傷、一面在心中以「這只是發揮失常，下次一定會考好」為託詞來安慰自己。

寫下這篇文章的時間點是高二第一次段考後，依然殘破不堪的數學成績將我用以自欺欺人的托詞澈底瓦解，一連兩次的失利，任誰都無法再抱持著完全的信心。「數學爛的我是不是就不該加入科學班？」「到底怎樣才能把排列組合這鬼東西搞好？」等疑問一直在我心頭縈繞著。我不曉得那些問題的答案，或許也永遠找不到答案。

寫作

陳以勤

「假的，假的，都是假的！這根本不是我！」心裡不斷的碎唸著，曾幾何時我也像其他人一樣，成為了一顆用糖衣包裹著堅果的巧克力，這麼做到底意義何在？

寫作文一直以來是我一個很大的罩門，國小時似乎還不成問題，評分標準只有著重於語句是否通順、字跡工不工整、錯別字的多寡，但上了國中，就格外的強調對字詞的選用。我照著國小的那套邏輯去寫，發還回來的考卷只有四級分，上面寫著四個字「太口語化」。起初，我還認為是老師無法理解我的內容，想說下次把它寫得簡單一點好了，甚至覺得這根本不能作為扣分的依據，簡直是豈有此理。但隨著一次又一次的寫作，我漸漸的意識到問題並未改善，老師遞給我班上同學的六級分作文，看完後滿滿的疑惑在我腦中滋生，「這個字怎麼念啊？晚上就晚上，幹嘛要寫『夜幕降臨』？」瞥了一眼，看向了評語「用字精煉」，這時我才了解到我的用字太過淺白。

接下來的寫作，我著手於改變用字，塞進了各種成語和俚語，但評語卻讓我永生難忘，「矯柔造作？」我落入了疑惑的深淵，開始對自己產生懷疑，「為什麼他寫就沒問題，我寫就有錯？」甚至覺得老師是看人給分。重新看一遍自己的作文，竟也產生了反胃感，「這不是我寫的」，打死我也不相信這是我寫的。原本的我認為作文要寫得好，就是要讓人明白你的想法；後來覺得，要用非常精美的文字來裝飾自己的內容，但變成了灑滿糖粉的巧克力。

有一天看到了爸爸寫的文章，好評不斷，甚至連我的老師都看過，故事十分感人，彷彿能深刻體會作者的心情，但仔細一看，心想：「文字怎麼這麼樸素。」爸爸提醒到：「有時不需使用多麼罕見的字詞，重要的是要能引起讀者的共鳴。要做到這點很簡單，就是寫出最真實的自己。」

在那之後，我嚴格的要求自己，不要抹滅自己的人格，要成為一個濃度百分之七十二的巧克力，雖然不甜，但卻是能被大家接受的口味。

解題

鄭琇璟

考試鈴聲響起，狂跳的心瞬間頓了一拍，顫抖的手翻開試卷，白紙黑字在眼前群魔亂舞。緊張與澎湃的情緒交織成一張綿密的網，纏得我喘不過氣。身旁振筆疾書的同學，眼前解也解不開的方程，而時間仍踏著滴答的腳步，一分一秒的流逝著。

去年四月剛結束人生第一場升學考試，百無聊賴的我在網路上接觸了一些大學物理的開放式課程，因此對物理這門學科產生了興趣，從此踏上物理競賽之路。天天沉浸在物理的世界中，無論是習得新知的興奮感，還是破解難題的成就感，都使我深陷於這門學科的美麗奧妙。經過日復一日的學習，我的實力增長了不少，也開始參加一些小型競賽。正當我自認為實力和經驗皆已足夠完備時，上天卻和我開了個玩笑。

那是全國只選出前三十名的競賽，準備已久的我本該是信心滿滿，然而答題過程卻不如想像中順利，我的心態開始土崩瓦解，彷彿正在上演一場十級大地震災難片。我無法靜下心來思考，以致錯過好多本該答出來的題目，再加上幾題計算錯誤，更是雪上加霜。那天陽光普照，卻怎麼也捂不熱我涼透的心。

考試結束了，成績也出來了，果然不盡理想，一切似乎已經塵埃落定。我仔細地檢討每一題，哪些是真的不會，哪些是其實會寫但當下沒能答出來，又有哪些是純粹計算錯誤，並詳細地一一列出。我不禁好奇，後二者的比例怎麼會這麼高呢？

我從小參加各種大大小小的比賽，歷經大風大浪，經驗比同齡人豐富不少，卻在關鍵時刻表現失常。我百思不得其中緣由，陷入深深的自責中。我不甘心，明明準備了這麼久，拋下一切，甚至是學校的課業，卻換來這樣的結果？我開始否定自己，認為過去的努力都是做白工，卻渾然忘了當時讀著原文書、自其其樂的自己。這就是問題所在吧！我總以為付出和回報就應該成正比，當付出愈多，便自然而然地期待更多回報，無形中結成了一個看不見的枷鎖，若是有一點不符期待的結果出現，這枷鎖便愈發沉重，直至成為壓垮內心的最後一根稻草。

看到嶄新觀念而驚嘆連連的我，為了解開難題茶不思飯不想的我，都是快樂而純粹的，這才是我努力這麼久的意義吧！考試和比賽可以是督促我更加努力的催化劑，但不會是我念物理的唯一目標。考得好與不好，都是人生中珍貴的經驗，過分期待只會作繭自縛。分數不過是個冰冷的數字，別因此而澆熄對所愛事物的熱情！

接受

葛彥宏

二〇二三年五月二十七日，晚間二十一時四十四分。十二人選訓營Line群組中，十三人緊盯著主辦老師公布四人名單……

三分鐘後，綠底黑字的名單出爐。一如我和所有人的預期，沒有出現我的名字。我難免有些失落，卻快速回復平靜。我懷著一點敬畏與仰慕之情祝福四位國家代表隊選手，期望他們能在瑞士一舉奪金，為國爭光。此刻，我內心還是平靜。一會兒，我看向旁邊的落地窗，凝望著天邊再沒多久落下，那半面亮著的上弦月，心中靜靜地面對……

二〇二三年六月十七日，下午十四時三十七分。messenger中，我的國手朋友對我透露了我本不該知道的消息：

「彥宏，你知道你的總成績是全國排名第五嗎？你才高一耶，你超電！」

不久，腦中時光猛然地倒流至一個半月前，如投影片般展示過去兩個月的點點滴滴。

五月三日，我獨闖臺北，展開三週的化學奧林匹亞選訓營之旅。與學長姐們比起來，我只是初嚐競賽滋味的小萌新，沒有什麼經驗，所具備的知識與技巧也遠遠不足。當時我沒有什麼自信心，也認為自己只是同分增額錄取的那一個外卡資格，所頂多見識見識學海的廣闊無邊，姑且算是我的福氣了。我的理論知識還不完備，所幸前面有三週的課程能讓我好好吸收，時針每天三格、三格的過去，教授依序進入小教室，又離開。接著又是另一位知名教授進來，如此反覆、反覆……

一天一天的過去，我已迷失晝夜更替的概念，每天晚上都是徹夜苦讀，自然也沒怎麼休息。到了結訓考試前一天，我詢問完有機化學的問題後，教授突然開始好奇我的身分，我清楚記得主辦老師在旁向教授直言：「他才高一，他沒有機會當國手的。」

我清楚那句話不是出自惡意。也的確，在旁人眼中，我或許也真的不具備那個實力，但卻依然深深刺痛我的心，同時激發了我不想被看扁的鬥志。

兩天後，選拔營結訓考試結束。不知跟那句話有無關聯，但我認真覺得我狀況不錯。回憶片段也就此停格。

看來我的直覺還是挺準的，覺得狀況不錯？確實如此，就差那麼一點點。

回到現實，如今通訊軟體藍底白字的亮起，彷彿法官敲槌三下一般，宣告了我的失敗。必須說，能獲得全國第五對任何人而言都是莫大的成就，我也知道，但我還是沒有一絲喜悅。不對，應該說，現在甚至連五味雜陳的感受都沒有，心中獨留極度強烈的負面情緒，彷彿本能一般的堆積在腦中：那懊悔之意遠勝幾週前知道自己沒能當選時的痛楚。

知道自己實力還不足，我能接受；但是知道過去的我離當初夢想僅差一步之遙，我完全不能接受。

不久，負面情緒稍稍衰減，但心中千頭萬緒卻又浮現，如攀藤般在我腦中蔓延、深入。我苦思著自己為何就是差那臨門一腳？是運氣問題？還是哪一部分出了大紕漏？腦中一直拋出新的問題，我卻沒能回答自己——明明是每天朝夕相處的自己。

一天後，我累了。「不如就先放空幾天吧！」我這樣對自己說著，首次對問題作出了帶點逃避性的側面回應。

當時已接近期末考，我因為生病在家休息，但也因此有了放空的機會。我也當作是給操勞了近一個月的身體喘喘息，順便祈求心裡能趨於平靜。

放空時，我眼神空洞的看見了桌上的國際賽準備題。

「雖然國際賽與我無關，不過就來寫寫看吧！」心中念頭很自然地冒出，也自然地挾帶著自卑、失落感。

我意外的受到吸引，在沒有測驗的環境，那致命的吸引力彷彿不可阻擋。我專注地閱讀、思考、琢磨、嘗試。一次又一次的循環，讓我從臉色發白到面紅耳赤；我細心地寫下想法、流程、結構、算式。一點又一點的逼近，讓我從百思不解至茅塞頓開。我直面自己的思維極限，而一旁的參考解答，就這樣懶懶地躺了一整天。

自從我踏入學習領域以來，這是最深刻的一次，感受到如此的熱忱與活力。我意識到其實我在學習化學過程中一直懷著好奇心、求知慾與快樂。似乎是名次，壓抑了心中的純樸想法；自我評價，制約住其實一直存在的潛能。

這讓我聯想到體育。我有點倨傲的自比成東京奧運賽場上的一萬一千名運動員，又問了自己一個問題：奧運一個小項只有三面獎牌，三三九小項也不過一〇一七面獎牌，算一算，大部分運動員並沒有帶著實質獎牌回國，那究竟是什麼讓每個運動員都拚盡了全力？

「因為光是能站在世界的巔峰，對全世界與自己做一場完美的表演，便已足夠。」也正是因為如此，每天勤於練習並不是為了非要奪牌不可，而是為了讓自己不後悔自己的每一場演出。

在萬籟俱寂中，我頓悟了。如同王國維人間詞話中的第三境界般，我沒有放聲大笑，或是與父母分享，我只是靜靜的露出一抹微微笑意，並把左手食指彎曲，輕靠在嘴唇上，身體此刻也自然的微微前傾。淡淡的吸氣，接著吐氣，就這樣呼去了一身重負。

二〇二三年七月二十四號，晚上二十點二十二分，臺灣國家代表隊傳來捷報：斬獲三金一銀，世界第三。當我看到Instagram上滿滿的消息與轉貼後，我心中還是存有一點點小羨慕，也還是有些微微嫉妒，甚至，那自卑感也還在。

不過這都不再重要，我也早不受束縛了。看著手機裡的黑底白字訊息，我隨手按下了愛心，有點任性的當作是祝福。不久，我平靜的望向窗外，凝望著那與兩個月前一樣，還是只有半面亮著的上弦月，心中想著消逝的往事……

現在的我回歸正常的生活，也繼續準備明年的比賽，期待著能有機會到沙烏地阿拉伯去參加下一次國際賽。這次很可惜，但我已無怨無悔。我為過去的自己感到榮幸與驕傲，也衷心感謝過去的自己曾經努力過，堅持到後一刻，沒有放棄。

風雨

林信妤

「轟隆！」雷鳴震撼一響，傾盆大雨驟然灌入，闐黑無星點的城市夜幕好似被邪祟入侵，時而低聲怒號，時而尖銳一鳴，詭譎而可怖。

儘管颱風夜驚心動魄，身處城市的我，仍在厚實的水泥牆內安然無恙。我很難相信一場天災的試煉，可在一夕之間讓我流離失所，愁緒著下一餐的著落。我生有父母疼愛、家人溫暖，不曾擔憂生計問題，在活著的十六年，我所面對的試煉局限於日常瑣事。幸福如我，卻在漸長的升學壓力及社會環境的渲染下，失去熱忱，不再為夢想打拚，漸漸打消成為無國界醫生的願望，只埋頭於書本考試，設法為了未來工作、溫飽做準備。

可深埋在心底的、對救濟的赤忱終究無法抹滅，在那個颱風雨夜，它徹底爆發了，隨著雷聲巨響，電光火石之間，點點滴滴湧上心頭，扣問我心。我再也無法欺騙的告訴自己：我不後悔放棄夢想。面對著曾經的豪氣干雲、對夢想的執著，我終究敗給心魔。落魄的看著鏡中畏縮的自己，失望之情頓時如雷雨傾倒，豆大的雨滴衝破故作堅強的心房，如同釘子般一根一根鑿入，眼淚霎時隨著窗外的狂風暴雨止不住地流瀉。我再也無法繼續強顏歡笑，內心對夢想與安穩天人交戰的火苗已被點燃，星火剎那間便燎原，灼燒每寸肌膚。遍體鱗傷的我抱著頭崩潰大哭。

我不明白，放棄興趣和休閒，只求好成績的行為是否正確。我困惑書中所記載的少年英雄千古、赤子之心，及媒體所述青年面臨的經濟壓力，兩者為何猶如天壤之別？我厭倦只為競爭所失去熱忱的學習，卻自甘在這種苦悶的氛圍奮鬥下，尋求片刻源自好成績的喜悅，忘卻過去對醫學的熱愛、對成為無國界醫生的希冀，一味苦讀只求一個好工作。在現實的荼毒下，我彷彿偌大天地間的沙鷗，鼓翅，不知道終點在何方。

此刻，困頓的我垂喪地抬頭，心想，或許唯有颱風豪雨，才能讓我明白擁有的平安幸福，助我重整旗鼓，繼續奮鬥。

仔細一看，外頭風雨業已停息，璀璨星點熠熠閃爍，風雨後短暫的緩釋，竟然讓我會心一笑。剎那間，我明白了！正因為未來生活充滿試煉，片刻的安穩才更顯彌足珍貴。雖然無國界醫生的生活布滿坎坷與蒺藜，時刻面臨染疫風險，微薄的薪水或許難以支撐生活，也少有機會與家人共享天倫之樂，但可以真正的救死扶傷、照亮世界一隅。回歸初心，我甘之如飴！

或許正是道阻且長，我得以頓悟生命的可貴，珍惜與家人共度的時光。試煉後，心中豁然開朗，那些年曾經的煙雨迷離，竟都化為翅膀，引領我翱翔於更高、更遠的地方。

「轟隆！」窗外再次風雨交加，但我不再忐忑與沮喪。原來，我從來不需思考如何在迷惘中苦中作樂，而是要真正擁有快樂；不用解釋來抒發銘心的痛楚，而是用行動撫平傷痛。生命太短暫，如同曾經蒸騰碼頭鳴笛聲的日光，與其戮力延長每個安穩生活的瞬間，不如珍視每個內心的悸動，在生命中汲取屬於自己的價值與意義，洞見穹廬下的奼紫嫣紅，轉化為渡過試煉的力量。

回過神來，牆上的時鐘滴滴答答，不知不覺已來到兩點，我閉上眼，傾聽雨滴打在鐵窗的聲響。從前的掙扎，放不下的陳年往事，都在此刻歸為平靜。未來的道路仍會有大大小小的試煉，然而我已找到面對的勇氣。

雲霄飛車

林容宇

雙手緊緊抓著安全帶，不敢與它有一絲間隙，看著身旁的人，有著期待、焦慮，第一次踏上一去不復返的雲霄飛車，浸泡在無助感裡，空殼的身軀被緩慢的速度帶至空中。

片片的風朝著我的臉頰拍打，每一撇都似乎是對我的洩怒，那種傷痕滲透角質，一條條割在我的心裡，想逃跑卻無路可逃。閉著雙眼，嘗試封閉住自己，不去面對前方，窩成一個蠶蛹，銳利的風漸漸被磨鈍，絲線一根根的剝落。習慣風的作伴後，我逐漸與他同步，傷口的疼痛成了螞蟻，在身心靈間穿梭著，在愉悅及畏懼間徘徊著。鳥越籠的殷盼、人類自古以來對天空的嚮往，我瞬間皆感同身受。

剎那間，我墜落了，環繞的哀號中，那是我離死亡最近的一次，開始絞盡腦汁的搜索著人生跑馬燈。還未播出，影廳即關閉，一陣陣歡樂聲忽地響起，把我拉離了回憶的深淵。

心中還餘韻著參差不齊的節奏，而我知道蠶絲成了堅硬的盔甲，替我抵擋許多攻擊。

和試煉角力

盧尚恩

大多數高中生的生活，除了課業壓力和大考小考的日常，很難有機會面臨驚天動地的試煉，想起辛棄疾的詞：「少年不識愁滋味，愛上層樓，愛上層樓。為賦新詞強說愁。」為了鍛鍊脆弱的心志，非得在考試馬失前蹄時，痛哭一場，勉勵自己，還有進步的空間。在團體競賽敗北時，意志消沈數日後，計劃明年捲土重來，上演一齣勵志戲碼。其實「而今識盡愁滋味，欲說還休，欲說還休。卻道天涼好個秋。」遍嚐人生悲苦之際，不如意事，不提也罷！試煉的極致，苦不堪言，不提也罷！

小時候，可以哭得肝腸寸斷的理由，不勝枚舉：肚子餓了，玩具壞了……稍長，因為沉溺於某本科學刊物，廢寢忘食，精神食糧更加重要。退休的電器用品，總能激發我修理改造的慾望，喜不自勝，歌頌破壞是建造之母。此一時非彼一時，是年紀漸長的心靈撐起幼時的脆弱，撫慰往日的創傷。試煉的過程，沒有分水嶺，像是水到渠成般的理所當然。我情願在不知不覺中，累積被試煉的勇氣。在逐漸成熟的心態下，挑戰被試煉的苦澀。當你戴上「勇者」這個冠冕，試煉的珠寶閃閃爍爍，已在其上述說著曾經的坎坷，不提也罷！不提也罷！

我們這個世代，誘惑和試煉如影隨形，但也更重視心理的健康和平衡。有舞者失去雙腿後，以義肢跳舞；有籃球員自推輪椅投籃，百發百中；有失去雙手的畫家，持續創作；有霍金這位當代最偉大的物理傳奇，徜徉宇宙不再是夢想。當試煉把你打到地獄，你的心裡可以哭泣求救，但不要投降，就是一場失常的彩排，正式演出時，你就是舞臺的主角。你可以將悲劇演成喜劇，端看你如何和試煉角力。來吧！迎向試煉的考驗。

掌聲

黃正淇

掌聲，是人們嵌在穹頂的星輝，燦爛美麗；掌聲，是人生裡孤獨綻放的寒梅，絢麗動人；掌聲，是冷鋒與暖鋒撞擊的彩虹，繽紛迷人。每次奪得震耳掌聲時，演出的結果不一定如此光彩奪目，但靜靜闔上眼眸，回首過往，參雜著勇氣、堅毅與愛，掌聲因而存在。

我撐篙於人生之川，時而波濤洶湧，時而平靜如水。曾經的我畏懼世界，總孤身一人蜷縮於黑闇一隅，不肯跨出相處的步伐，不願邁出穿越逆境的腳步。可翻閱書籍，花木蘭有代父從軍之勇，哈利波特於敵眾我寡 之境，仍具抗敵之勇。我又何嘗不能鼓起勇氣，敞開心扉，接納人生的顛簸？漸漸地，身邊聚集的光芒愈來愈多，我從聲如蚊蚋，到響若洪鐘，路上的崎嶇因而平凡，眼前的巨石猶如螻蟻，勇氣讓我在掌聲中更有自信。

我在名為「人生」的戰場上馳騁，在汪洋大海中，伴著身後的滔天巨浪，和身旁的魚兒優遊。那分自在的光景，身後又何嘗不深藏危機。停步是為了下次旅行做準備，停滯卻是為了沒有下次做準備。縱使課業壓力如巨鯊般隨時都能將我吞噬，即使表演前的訓練艱困而難熬，也不會就此放棄。拿著堅毅之刃，向身前的千軍萬馬迎戰！堅毅讓我在掌聲中得以持續。

我於乾旱燥熱的沙漠中蹀踱前行，師長們的愛，如同眼前一方綠洲，給予我勇往直前的動力。處身陷囹圄之境，在疲憊難熬之刻，愛就如甘霖般滋潤心田中乾涸的幼芽。承接著父母的愛，使我在人生沙漠中默默支持自己所行之路的所有回憶，愛讓我在掌聲中感動自己、過往、現在和未來。

張開雙眸，不知在季節的遞嬗中，星辰的交替是否也為了這次的旅途照耀片刻的掌聲？如今，我擁有開啟心扉的勇氣之鑰，斬敵無數的堅韌之刃，予人力量的摯愛之泉，昂首闊步，準備迎接未來，走向傳出掌聲的閃耀夜晚。

終點

李侑恆

每當身處高處，放眼望去盡是美景，似乎提早迎接終點的來到也並非壞事，重新與世界融為一體，似乎也不那麼孤獨。

每一次嘗試靠近邊緣，向下去俯瞰那終點前的最後小一段路，無數次想像那短暫卻未知的瞬間——那個瞬間，可能是失重，也可能不再沈重，從最初的膽怯，到最後的坦然，是和自己對話無數次的看清事實。

一直以來，看似達到了別人眼中的期望，實則迷失了自己，反覆逼問自己從何而來，又該從何而去，如在煙雨迷濛中，找尋著，那未知方向。

至親的離世，也許模糊了理智，更可能清晰了事實。若終究會有相同結局，又何必苦苦掙扎於人世。那個冬夜，風很大，大到撕裂了眼淚，撕裂了情緒，撕裂了一切的記憶，撕成碎片胡亂飄灑。也許是刻在基因裡求生的本能，使得步伐愈發沈重，在這身體本能的遲疑裡，風依舊呼嘯而過，心中卻不再迷惘。

靜謐夜裡的沈澱，喚醒內心最深處的自己，也是終點前最後的試煉。

堅持

潘宥希

熾熱的陽光灑在臉上，鹹鹹的海風吹拂過耳旁，汗水順著臉頰流下，見證我們努力的成果。豎立的旗桿如同我們挺直的背脊，槍一次次抛起，又一次次接穩在手中，在高中生涯留下濃墨重彩的一筆。

加入儀隊的原因很單純，是來參加科學班入學考試時被練習的學姊們吸引，讓不擅長運動的我決定挑戰自己，做一次新的嘗試。

從最基本的儀態練習、基礎槍法開始，一步一步學習的過程雖然有些辛苦，但初次表演過後帶來的成就感，讓我覺得一切都是值得的。

寒假快結束的時候，我開始學習離手的槍法。常感覺自己學習的速度沒有那麼快，平常能練習的時間又比較少，難免擔心會拖累大家。但當每次練習時，學長和教練不厭其煩的一遍遍教我施力的技巧、調整槍法的標準，都讓我更加堅定，要堅持下去。還有人這麼努力在幫助我，我又憑什麼放棄自己？

得知要參加全國賽的那一刻，心情十分矛盾，可以說是既期待又緊張，加入儀隊以來第一次參加這種正式的大型比賽，尤其大家都那麼努力在練習，更加覺得不能辜負夥伴們的用心。

每天早上提早半個小時來學校、下午第八節請假，再加上週末的練習，看鏡子調整標準、一起對槍法走表演，轉眼間就到了去高雄港比賽的日子了。比起高興，更多的是緊張。那天的高雄烈日當空，陽光跟現場的觀眾們一樣熱情，大家緊鑼密鼓的練習，在烈日之下，迎著海風，聽著周圍的鼓勵，我們全力以赴，用百分百的努力完成這場表演。

那次比賽之後，我體會到堅持的重要，不論從何時開始，一旦下定決心開始後，儘管過程可能遭遇挫折和挑戰，甚至會感到無力，但只要還未抵達目標，就不該輕言放棄，因為正是努力追逐奮鬥的過程，讓人生充滿了意義，也變得豐富多彩。

放棄

林家禾

直到現在，我還是十分後悔十年前的決定。

親朋好友家裡，樂器幾乎可以說是一項不可或缺的元素。樂器不僅是能在他人面前展現自己的才藝，同時也是能陶冶身心的休閒活動，因此在我周遭，許多人都有一項擅長的樂器。

幼兒園中班時，爸爸媽媽帶我到附近的音樂教學機構學音樂，老師從基本的音符、樂譜開始教起，再慢慢進入簡單的樂器，如直笛、鐵琴。那時，我發現我對音樂很敏感，能輕鬆地記起音樂的旋律，猜出它們的音符，因此自以為是地認為：音樂不就是如此，只當作茶餘飯後的樂趣。

到了小學一年級，我終於開始學鋼琴。我滿心期待，想一展長才，甚至跟親戚借了一架電子琴。上課時，我學習音樂的態度還是像從前一樣，只當作是樂趣，回到家後也像從前一樣，並不會多練習。不知不覺中，我與同學的落差越來越大，甚至被老師找去上個別課。我開始失去信心，意志消沉。

終於，我決定放棄。

現在，每當我看到同學才藝表演，心中總是感到既羨慕又忌妒，仍然對音樂抱持興趣的我，卻已經沒有條件好好學樂器了。因為當初的放棄，我除了學校的音樂課以外，幾乎與音樂絕緣，電子琴也還給親戚。因此，我不僅沒有多餘的時間，也沒有樂器可以自己抽空練習。放棄學琴，成為我終生的一道缺口。

我雖然對小時候的放棄無能為力，但它卻教會了我：凡是遇到困難，不要逞一時之快就做下決定，而要謹慎評估將來是否會感到遺憾。

賽跑

蔡承恩

「砰！」一聲巨響劃破了寂靜的天空，身旁一匹匹脫韁野馬奔馳而出，而我也收縮早已僵硬的大腿肌，在起跑架上奮力一蹬，向著前方衝出。

望著遠方的終點線，聽著呼吸聲隨著逐漸加速的心跳一上一下的起伏，感受著體內的腎上腺素噴湧在全身上下的肌肉，我快馬加鞭地衝刺。儘管一雙腿早已因疲憊而顯得無力，仍無法阻止我衝破終點的決心。

我奮力一躍，跨過了終點線。然而我的內心並未因此而亢奮，如注的淚水奪眶而出，夾雜著汗水灑在腳下的跑道，濕了一地。又一次，我跟決賽的門檻擦肩而過。

國小時，我一直是大家公認的「飛毛腿」，在學校的田徑比賽中，我包辦了所有短跑比賽的第一名，我們班也因為我而成為大隊接力的常勝軍。如此優秀的我也受到學校體育老師的推薦，踏入了全市田徑比賽的殿堂。我自大的以為，冠軍不過也是信手拈來而已。直到那第一次的登場，才終於將我從神壇上拉回了人間。

還記得那時我痛苦地將頭埋進雙腿間，彷彿如此便能逃避現實。而老師則蹲在我的身旁，輕輕地告訴我：「勝敗乃兵家常事，你不要放在心上。」然而，這句話依舊撫平不了「最後一名」在我身上劃下的那一道深可見骨的傷口。

在此之後，我便將自己囚錮在跑道上，從早到晚沒命似地瘋狂練習，直到搾乾自己最後一絲力氣為止。這樣近乎走火入魔的練習方式，自然也為我的身體造成了不小的負擔，但我卻視若無睹；就連體育老師給我的忠告，我也充耳不聞。想當然，在那之後，我的比賽成績也隨著我的自大，跌落谷底。

直到有一次比賽，我再次因為挫敗而蹲坐在場邊哭泣時，腦中浮現出第一次比賽後的畫面，耳邊也響起了老師對我說的一字一句。我問了自己：「為何我不試著放下那強烈的勝負心，好好地享受比賽所帶來的快樂呢？」而正是這一閃而過的想法，將我從無盡的煉獄中拉了出來。我重新提起了勇氣，站回眼前再熟悉不過的跑道上，只是這一次，再也不是那個熟悉的我了。槍聲響起，選手出發，我止不住心中雀躍的心情，大步邁開了步伐，奔馳在賽道上。我在心中默默的告訴自己：「這一次，無關勝負！」

國手之路

蔡依珊

一切來得太突然，彷彿被推入萬丈深淵，抬頭一看，僅剩的最後一道光芒也消逝在眼前。眼角的淚水也不再堅強，毫無保留地落下。看著新鮮出爐的國手名單，各種情緒湧入心頭：悵然失望，因為自己一年多來的努力終換成一場空；心懷後悔，因為自己曾經的自信而犧牲掉的一切事務；滿腔憤怒，看著那些順利進入名單的人，甚至覺得自己是個失敗者，虛度光陰。一整年下來沒達成自己的任何一個目標，還必須看著身邊的人享用著甜美的果實，彷彿老天跟我開了一場玩笑，嘲笑著我的愚蠢、諷刺著我的心血與付出。

情緒在崩潰邊緣停留了兩週，這段時間，我想著自己有多失敗，為了這個比賽犧牲了多少，身邊的朋友們明明不如我認真卻能輕易如願以償……。然而回首準備的過程，從一開始的茫然沒頭緒，不斷碰壁；到認識志同道合的師長和朋友們，一起討論問題，教學相長，與朋友們攜手向前；而最後變得有辦法獨當一面，挑戰各種有趣的問題，踏實地走向自己夢想之地，這一切是多麼地耐人尋味。

冷靜下來後，我思考著人生的目標、競賽的意義，我想成為有影響力的人，帶領身邊的人一起達成夢想，成就他人，創造多贏的結果。對我來說，競賽的意義一方面是升學工具，另一方面是在學習自己喜歡、感興趣的領域，同時能證明自己的能力，藉此取得眾人的信任，並且有機會發揮自己的影響力。

這次的失敗讓我深刻明白，成功不僅僅是結果的呈現，更是過程中的種種收穫和成長，無論是知識層面、人際關係或是想法的改變。成功與失敗並非單一的事件，而是一連串的過程，學會從每一段經歷中吸取教訓，不斷修正自己的方法和策略。對我而言，成功與失敗並不是二分的概念，而是相輔相成的。

我相信，只有通過努力、堅持和不斷學習，才能夠達到真正意義上的成功。過程中的成長和學習同樣重要，即使在一個目標未能實現的時刻，我仍然會保持著對過程的關注和重視。

那次比賽之後，我重新振作起來，將失落轉化為動力，開始更加專注於自己的學習和成長，不再為他人的成就而嫉妒或自卑，而是將這次的試煉視為一個轉折點，讓自己更加堅定地追求夢想，並在這個過程中不斷成長和進步。或許這就是人生的常態，並非想像中的一帆風順，但正是這些挫折和困難塑造了我的品格和能力，學習與之共存，就算原本的規畫被打亂了，我依舊能秉持初衷，朝著夢想前進。

名列前茅

張弘霖

身為從小就是不用讀書也能成績名列前茅的學生，一路走來總是能夠輕鬆贏得眾人的掌聲。上到了高中後，一切都變得不同於以往了。同學各個成績都是接近滿分，讓我不禁對自己的能力感到懷疑，也認為自己是否真的不如人。

每一次的考試，都像是一顆顆石頭像我砸來。但我會撐住，將其視為人生中的試煉。每當意志消沉的夜晚，想要放棄的時刻，只要想到太平洋的另一端還有比我更優秀、更努力的人，在不斷突破極限、不斷嘗試和不斷捲土重來，便能讓我再一次充飽電。

確實，我的成績不是名列前茅，我補過的習、寫的題目和其他人比起來也偏少，但我有比別人更多的耐心，我願意花更多的時間和付出在每一道困難的題目，主動請和老師討論自己對於題目的想法和疑問。

人們常說：「不要太計較結果，過程才是最重要的。」我想大概就是這個道理吧！成績固然重要，但並不是全部，在追求高分的過程中，所學習到的知識或者是適應高壓的能力，才是更為可貴的吧！這也是為什麼即使難過沮喪，我仍不稱之為「折磨」，而是看待成「試煉」！

考試文化

葉睿穎

身處東亞文化圈的我們，從小長輩們便常說：唯有認真讀書，方能出人頭地，方能改變命運，自此一直活在讀完書、考試、再讀書的迴圈。過往的我堅定不移地相信這是正確的，縱使每每讀到身心俱疲，但臉上始終掛著微笑，因為我又在通往成功的道路上更前進了一些。

考試是儒家文化圈的核心價值，自隋文帝發明科舉制度以來，天下試子苦讀十多載只為東華門外唱名，「十年寒窗無人問，一舉成名天下知」，考試的確是翻轉階級的不二法門。

到了近代依舊如此，先有衡水中學創出了「衡中模式」，極端嚴苛的時間管理和只以高考分數為目標的應試教育，卻是家長們心中通往名校的康莊大道，也引得各大校園爭相派老師至衡水中學學習，並引進自己的學校。努力讀書改變命運，這點也深植孩子們心中。日前因為神情可能有些激動而遭受激烈網暴的大陸女學生，高考前誓師大會上的宣言：「凌晨六點的校園真的很黑，但六百多分的成績真的很耀眼」，更是把讀書向上的這份勵志流露得淋漓盡致。

除了中國，亞州的許多國家諸如南韓、日本、新加坡也十分重視考試，以分數論成敗，只要肯努力就能收穫，可在臺灣，這似乎不再是條原則了。臺灣學子的升學管道有個人申請、分發入學、特殊選材、繁星推薦四種，個人申請和分發入學俱是考試定成敗，宛如大陸的高考，千軍萬馬過獨木橋，十年寒窗只為今日。繁星制度卻不然，是以高中三年來的在校成績作為大學入學評判標準，本是以捍衛公平正義為目的，為教育資源缺乏的偏鄉學子開設的管道，如此的美意卻不料成了另一條終南捷徑。不同學校、不同教育資源怎能一概而論？一味的「齊頭式平等」是否真的公平？

日前我看過一篇文章「三年前你看著我的背影，三年後我仰望你的背影」，進入第一志願和地區高中、私中，結局卻和預期截然不同。

回想每個奮筆疾書的黑夜，我迷惘了……

第三堂課

修復：與他人對話

最令我刻骨銘心的一段關係是什麼？
在這段關係中，我有什麼感受？
在這段關係中，最令我遺憾或欣喜的是什麼？帶給我什麼體悟？
我是否曾想過，如果能回到過去，要做些什麼來回應這一段遺憾的關係？
我從遺憾中學到什麼？
我和其他人有什麼不一樣？我如何看待這些差異？我希望別人如何看待這些差異？
互動時產生的哪些問題最令我焦慮？有沒有哪些問題是我沒辦法處理的？
我覺得，維持一段長久的關係，最重要的是什麼？
我習慣以什麼樣的模式和別人互動？
我渴望在關係中扮演什麼角色？

作家平路在《袒露的心》曾揭露：從小，記憶中母親就不曾對自己溫柔的笑過，不曾與自己有肢體上親密的接觸，不曾給自己好臉色，總是投來責備與貶損的話語。

平路不明白，自己是家中的獨生女，為什麼母親卻不愛她？由於渴望得到母親的愛，她努力做個乖小孩，認真讀書，成績優秀，家中牆上貼滿獎狀，但母女關係仍未改善。長時間的冷漠與刻薄言語，將心中的傷痕越刻越深，平路也開始走上逃避與激烈的抗爭。

直到父親去世後，平路在某天早上與母親的對談中，突然閃電般問出：「那，我是不是你親生的？」接著，真相之門終於開啟。

回顧這段關係，面對母親長時間以來對待自己的態度，平路曾在接受訪問時說：「這可能代表，她受傷得很深。」如果有機會重來，平路想跟母親說：「我多麼感謝她，她已經做得很好……」

這段漫長而曲折的關係，也讓平路體會到：「愛是一個空泛的字，必須有體諒和瞭解這些基礎，才有發展的可能。」

一段關係的發展，並不是單方面的課題，往往難以完全符合我們的期望，難以管理，也難以預測。我們不斷與他人往復對話，也在互動與回應之中逐漸找到自己的定位。

向櫻桃小丸子學習對話

在思考上述的核心問題之前，我請學生先閱讀孔元廷〈卡通也可這麼強？「櫻桃小丸子」這三句對話讓人頭皮發麻〉。文中分析卡通櫻桃小丸子的劇情：小丸子在努力用功後，數學成績由四十五分進步到六十分，雖然比起小玉的八十五分仍舊差了許多，但她回家後開心地跟媽媽說自己進步了。媽媽只是淡淡地說：「離一百分還遠著呢！」小丸子有些失望地回答：「只有這樣而已嗎？」接著她便出門去了。

當小丸子坐在巴川旁踢石頭時，川田先生詢問小丸子怎麼還不回家。小丸子回答：「再等一下。」川田先生並沒有任何強迫與責備，只是笑著回答：「這樣啊！」

接著，佐佐木也來坐在小丸子身邊。小丸子詢問：「佐佐木爺爺，你照顧樹木開心嗎？」佐佐木回答：「開心啊！」小丸子又問：「有人讚美你嗎？」佐佐木跟川田先生談到，雖然沒有人會每天稱讚他們所做的事，但是樹會跟佐佐木爺爺道謝，河流會笑。

藉由孔元廷在文中的分析與引導，我請同學們思考：小丸子和小玉有什麼不同？母親、川田先生與佐佐木爺爺如何與小丸子對話？分別傳達了什麼關係？話語的背後，透露出說話者的何種考量？那二個人的對話方式會讓你感到自在？你自己又渴望與人建立何種關係？

漂流者與跟隨者

為了讓同學捕捉自己在一段關係中的處境與感受，我參考莎拉．史坦．葛林伯格《81個創意練習》中「漂流」與「跟屁蟲時間」二個活動，請同學二人一組，一人扮演漂流者，另一人扮演跟隨者。

漂流者的任務是帶著筆記本與一支筆，從教室出發，在校園裡漂流。漂流者可以自行選定要依循何種線索或特質在校園中漫遊，可以跟著某種顏色、線條，也可以尋找某些氣味或主題。但不要事先規劃詳細的路線，而是讓旅程引領你的腳步。在安全的範圍中，調整自己的腳步，可快可慢，隨心適意就好。

漂流的過程中，嘗試放下既有的印象，而用不同的角度看看你早已熟悉或習以為常的人事物，詢問自己有什麼全新的感受。

攜帶的筆和筆記本可用來記錄過程，並花一點時間整理筆記，下一堂課與同學分享這趟漂流之旅。

跟隨者則是跟著漂流者，體驗他的感受，從他的角度看世界。他做什麼，你就跟著做什麼，不論是走路、思考、吃飯、發呆。

跟隨的時候，隨時記下漂流者做了些什麼？設身處地體會他做在這些事時，可能有什麼感受？也記下自己看到什麼，聽到什麼，感受到什麼。並思考自己希望從漂流者身上學到什麼？

不論是漂流者或跟隨者，都可自問：實際體驗和先前的預期是否相同？哪些事情出乎意料？

做好記錄之後，再花一點時間整理，並於下一堂課，和同學分享這趟跟隨之旅。

豬排咖哩

呂家瑋

將頭探入那前後擺盪的門，不斷拍著身體各處，想看看有無任何的不對勁。不斷低頭看著自己，衣服有沒有穿好，緊張的情緒不斷湧上，手不知往哪擺的我，順勢的把門推開，敲了兩聲後步入教室，零碎的步伐引著我到座位，坐下、放書包、抬頭、左右看，凌亂的做完動作後，卻沒想到……

早已坐如針氈的我頓時顯得無助。「沒人跟我打招呼？甚至沒人注意到我！」心裡默默這樣唸著，我低頭想找事情做，想裝個認真內向的書呆子，但今天卻是開學首日，連老師的樣子都還沒見過，更不用說自己該複習哪一課。我仍坐著，手來回摩擦著，腿兒們糾結在一塊，想起身找話題聊卻被陌生與羞澀阻撓著，彆扭的我靜不下來，像個想解開自己的死結。我怕了，真的為未來三年感到懼怕，努力那麼久進入的班級在第一天就將我拋棄了？但確實如此，終於認識了兩三位老師後，我背著我空虛的孤身，默默走向人群密集的便利商店，但推開門的那一刻，商店的燈顯得格外不同。

「欸！要不要一起買！」有人拍了我的背，是我剛剛左右看那一瞬間瞄到的隔壁同學（對，我不知道任何一個名字）。我默默的點點頭，微微抬起了僵硬的脖子，走入了便利商店。

「欸！吃什麼啦！」他大聲的問我，

「不知道耶，哈哈！」我輕輕的笑了兩聲。

「給你選，我跟你吃一樣，我先去排隊。」

我抓了兩個微波餐盒，連上面寫什麼都不知道，畢竟心裡已不在乎，重要的是有人向我伸出了手，向邊緣的闇淵中照下一道曙光，而我見到了，並想抓住機會緊握他，順著這道光走，將自己拉出社交恐懼的無底洞。於是我遞出了餐盒，交出了紅鈔，站在櫃檯旁等著微波爐報喜。

「豬排咖哩！」店員叫著，而我順手拿了就走，並回頭說：「回去吃吧！」就這樣回到了教室。

坐下後的我們，慢慢撕開塑膠膜，拿著餐具準備享用。就坐在他左邊的我，不知為何無法開動，興奮卻又微微不安，就怕自己過於沈默、尷尬，將身邊的人拒於門外。

「怎麼了嗎？」

我突然聽見這微不足道的關心，卻足以開啟內心封閉的那扇門扉，我才意識到我不用懼怕，以最真摯的自己與他互動，才是友情的真諦，若不斷假裝來滿足自身的不安，才會讓別人感到怪異，甚至認為對方有著心機。

高中學涯的第一日，我有了不同的認知，生活並非不斷精進自己知識，亦非將自己打造成完美的外表，而是表達最真誠的自己，以樂觀的心態迎向他人。我於此進化，成熟將我帶入高中生涯的第一價值——友情，並將攜帶著這份友情向未來邁進。

貼紙

陳嘉寶

牆上，花朵圖案的貼紙被一一撕下，十幾年的時光使它們變得脆弱，化作紙屑片片飄落，如同我正在凋零的內心。隨著貼紙的清除，我的心也早已碎了一地。

家裡臥房正在進行大翻修，如今已到了上新油漆的階段。建築工人說，必須將牆上的貼紙清除，才能順利上漆。得知這個消息的我，內心百般不願意，因為這是兒時與爸爸美好的共同回憶啊！

就讀幼兒園小班時，我常待在臥房自己玩，但獨自一人總感到十分無趣，於是時常哀求爸爸陪我玩，但爸爸是一家之主，為了工作十分努力，自然無法全心全意陪伴我。不懂事的我為此哭鬧了好久。於是某天，爸爸為了彌補我，特意買了一組小熊維尼系列的裝飾貼紙回來。萬分驚喜的我，心情頓時變得十分雀躍，不斷催促爸爸趕緊將它貼上，於是我們便開始動工。

「你覺得小豬要貼在哪裡呢？」

「貼在小熊維尼旁邊，因為他們是好朋友。」

「那小花小草呢？」

「啊！花朵要貼這附近，他們一起在草原上玩。」

爸爸一邊詢問我的意見，一邊爬上梯子將貼紙貼上。不知不覺中，原本灰白色的牆壁，突然間充滿了繽紛的花草，成為了維尼與朋友們熱鬧遊戲的場所。

「看！現在牆上有小熊維尼和他的朋友們陪你一起玩了喔！」爸爸如此哄著我，希望我的心情能因此得到安慰。看著他為我付出的身影，一股感動從我心裡油然而生，此時貼紙已不只是好看的裝飾，也寄託著爸爸對我的愛。

「這可是童年回憶，是情懷啊！難道裝潢比情懷重要嗎？」我帶著半開玩笑的語氣說道，同時也希望爸爸能因「情懷」兩字產生動搖而改變主意。

「竹筍炒肉絲也是一種情懷呢！」爸爸如此回覆。

我內心的一絲希望破碎。原來爸爸認為這些貼紙只是以前拿來安撫我的道具，沒有任何回憶，但我還是強顏歡笑：「我還是去撕貼紙好了。」心裡帶著不甘願，卻仍拿起工具跟隨爸爸前去。

撕貼紙的過程中，每一刀、每一次撕下，都在我心中造成傷痕。我不發一語，是心中最後的抵抗。雖然這十幾年間，我已經認為它是牆的一部分，平常也不會特別去注意它，內心中的感動似乎已隨時光淡去。但如今，親手拿著剪刀將它除去，卻感到如此痛苦，我才意識到回憶並不是淡去，而是化成我的一部分，就像平常不會注意身體各部位的狀況，但受傷了才感覺到痛，失去了才明白它的重要。此時忽然想起「別時容易見時難」這句話，似乎稍微理解李煜的心情了。

我在低落的心情當中將貼紙一片片撕下，隨著最後一片貼紙落下，巨大的失落感以及罪惡感向我襲來，我親手破壞了我的回憶。就在這時，爸爸忽然開口說道：「大功告成！你做得不錯啊……這些裝飾可真是充滿回憶呢！」我恍然大悟，爸爸並沒有忘記這些貼紙帶來的回憶，他一直都記得，只是，如果回憶已深深刻在心裡不可能忘記，何必在意事物的存在或逝去呢？我了解到自己內心的不成熟，太著重於事物表象，而忽略了回憶本身的重要性以及它的真正意義。現在，我明白了回憶的涵義，也因此不再為撕下的貼紙耿耿於懷了。

心情回復平靜，我正回味和爸爸合力完成事情的成就感，我又突然想通了另一件事，這段和爸爸撕貼紙的過程，何嘗不是一種回憶呢？建築在回憶上的回憶，顯得更加珍貴。而破碎的貼紙，此時再次貼回到我的心中，修補了原本破碎的心，並且永不凋落。

羈絆

葉睿穎

你養過寵物嗎？你曾和那群惹人憐愛的小生靈，有段足以回味一生的回憶嗎？每回看到有著毛茸茸觸感、圓嘟嘟腦袋和肥滋滋身軀的小可愛，都會吸引我的目光，內心有股抑制不住的衝動，想要去逗弄牠們、擁抱牠們，彷若遇見老朋友般的欣喜。走在路上，不經意看見狗狗貓咪，都可以讓我開心許久，為平淡無奇的日子添增了小確幸！我常在想，我和小動物間應該有著奇妙的緣分吧！這樣的情愫要從我的童年說起……

從小，我就很喜歡與小動物相處，住家附近的巴克禮公園是我最喜歡去的地方。每次吃完午餐或是幼兒園放學，我總喜歡纏著爸爸或是保姆朱妹阿姨帶我去巴克禮公園走走。我們最喜歡去夢湖，那湖上有座小橋，橋底有很多大肚魚和我叫不出名字的小魚匯聚，看牠們優遊其中，是童年最快樂的享受了。除了小魚外，一路上還能見著其他小動物，在樹枝間上竄下跳，靈敏得不得了的小松鼠，被其他遊客牽著的大黃狗、柴犬、薩摩耶。有次我還看到有人牽了頭哈士奇來公園，那隻哈士奇並不安分，看見其他狗狗，就衝上去狺狺狂吠，惹得對方朝他吼了一嗓子才老實下來。當時，我多麼希望能永遠和這群可愛生物相處在一塊，甚至有了長大後開動物園的念頭。

或許是上天聽見了我的心聲，在小學五年級時送了我一份禮物。那是個沒有太多特色的黑夜，一如既往地，父親騎著摩托車把我從補習班接回家，從補習班到家裡的路上有間水族店。小時候，父親都會從那裡帶孔雀魚和大肚魚回家，養在屋外的矮水缸，說是可以把孑孓都吃掉，防治登革熱。

每次爸爸帶新的魚回家，我都興奮地趴在水缸上，看牠們在水草間穿梭。不知怎地，那天的水族店門前多了一個玻璃缸，缸內鋪了木屑，裡頭有好幾隻金的、白的、雜色的倉鼠懶懶散散地躺著，肉呼呼的身軀靠著玻璃缸擠在一塊，看著看著就難以壓制自己蠢蠢欲動的手指，想在牠們的肚皮搔上一番。在我死纏活纏下，父親同意讓我帶一隻小倉鼠回去。我一眼便相中那隻靠在玻璃缸上酣睡的金黃色哈姆太郎，是個挺可愛的小傢伙，添購好籠子、木屑和食料，我已開始期待未來有小傢伙陪伴的日子。

我們一家人把小傢伙取名叫「呆呆」，因為牠總是呆頭呆腦的，成天趴在木屑堆上發呆，還喜歡咬自己的水壺，當初放在籠子裡的那水壺，本來有五、六公分長，後來就全被呆呆啃完了。當然呆呆也不會永遠都趴在木屑上發呆，牠也有活動筋骨的時刻，只是幾乎都選在晚上我們睡著時。有一次，我很幸運地看到呆呆在滾輪上跑了起來，那努力邁著四隻小短腿的樣子很惹人憐愛。呆呆最為可愛時，是牠趴在我的手掌心，我小心翼翼地遞了顆葵花子給牠，牠連忙把葵花子塞進頰囊，臉頰鼓動極快，深怕有人和牠搶食。

但一切一切在那次郵輪旅行回來後，便變了調，出行前因寵物不能帶上郵輪的緣故，我們將呆呆託付給了親戚，臨行前我還依依不捨地和牠道別。當我們接回呆呆，牠除了較平時更無精打采外，並無異狀，我們也就沒放在心上。過幾日後的某個早晨，我用手指逗弄熟睡的呆呆時，才驚覺有異，呆呆的身軀不應是冰冷的，我趕忙叫來爸爸查看情況，內心從未如此刻這般煎熬。呆呆最終還是離開了我們，再也不會蜷縮在我掌心吃葵花子了。我不斷地反思，小動物的生命為何如此脆弱？倘若我有能力察覺到呆呆的異常，是否就能將結局改寫？

自從呆呆離開，我也熄了那些想養寵物的心思，實在不願意再看到小生命在自己面前消逝。

升上高中後的某日，爸爸帶我回嘉義老家，老家新養了隻橘貓。當初爸爸給我看照片時，牠還小小一隻，如今看上去卻很壯碩。橘貓叫做小咪，是從收容所領養的。小咪有個習慣，總是喜歡在靠近你時磨蹭一下。我喜歡蹲在地上，看牠從左前方靠過來，繞了一圈又走回去，或是在牠躺臥下來時突襲牠的肚肚和頭部。小咪很親人，不論我如何騷擾牠，牠也不會咬人或抓人，頂多厭煩了，起身換個位置繼續睡。縱然我和牠的相處時間不多，我是當真喜歡上了這隻可人的小貓咪。

上週，父親告訴我，小咪出事了。不曉得是吃到了毒餌還是其他緣故，當阿嬤發現小咪時，牠已一動也不動了。我再次吶喊與不解，為什麼寵物的壽命不能和人類一樣長呢？為什麼牠們如此輕易便離開我們，離開這個世界呢？

其實甫上高一時，我就發現學校附近有許多流浪的貓咪，光是校內就有三隻左右。補習班對面的啟聰學校外，也有一對流浪貓和牠們的小貓。當時我萌生了念頭，想在學校成立一個「貓咪觀察救助」社團，就像明志國中那樣，能號召一群愛貓的同好，一起照顧流浪貓咪。

很多人都有兒時夢想，有些人想成為太空人探索星空，有人想成為教師作育英才，有人想成為醫生懸壺濟世。無論他們的志向為何？在追尋夢想時，想必都有某種義無反顧的堅持吧！和那群小動物們相處的過程中，牠們帶給我無盡的欣喜和療癒。從童稚時巴克禮公園的魚、松鼠、小狗，到第一個真正和我建立羈絆的呆呆，還有阿嬤家的小咪，都在我生命裡留下印痕，尤其是呆呆和小咪，那種難以表述的痛楚及分離時五味雜陳的感覺，召喚著我的心，我想盡一份自己的心力，使那些想挽救的羈絆不會就此消散。我想成為一位寵物醫師，守護著小生靈們！我認真地希望那會蜷縮在我掌心、那會任我施為的身影，不再隨意離開我。

說話

林家禾

人為萬物之靈，與其他生物相比，人與人之間，存在著更親密的互動、情感、溝通。在這個人際互動頻繁的時代，要如何獲得他人的青睞，要如何獲得更多的機會，要如何結交更多的朋友，關鍵就在於說話的藝術。如果能活用這門學問，將可以解決許多問題。

國中以前，我在跟別人對話時，雖然能保有禮貌，但比較直接，說話總是一板一眼，不會進行修飾，只是因為功課表現不錯，還是跟同學們互動頻繁，相處得很愉快。

然而升上高中後，同學們都各有所長，我也不再像以前那樣有求必應、有問必答了。因此，我開始觀察其他同學們的互動方式，發現：適度地在字裡行間加入一些幽默，適度地在對話過程中開一些玩笑，能使大家都聊得愉快。

但是到實際執行時，我對於這樣的說話方式卻感到不太習慣，一方面來自於心理的壓力，深怕一不小心說錯話，會造成誤會；另一方面覺得講話很彆扭，覺得加入一些沒有意義的詞彙，很不自然。但在幾個星期、幾個月的努力適應下，我克服這些恐懼，甚至時常創造出以前不曾聽過的梗與笑話，除了讓別人開懷大笑，自己也感到十分得意。

自古以來，能言善道的講師、舌辯之士不計其數，他們透過說話的藝術，成就一番大業，甚至不乏有知名的演講者、主持人、說客與縱橫家。從升上高中後，我開始培養這門學問的能力，深刻的領悟到「好的說話技巧，能帶來人世間的歡樂，是真正能使人受用一生的學問」。

三思

陳嘉寶

那天，我和我的朋友談論了一個熱門話題，但我們對於這個話題的看法卻不一致，引發了爭執。雖然我一開始只是想表達自己的看法，但朋友卻不停打斷我的話，讓我很生氣，於是我也開始尖酸刻薄地回應他。最後，我們兩個都情緒失控，產生了更大的誤解和不滿。

當我回到家後，我開始反思自己當時的言行舉止。我發現我在和朋友談話時，其實並沒有完全聆聽他的意見，而是想著自己的觀點如何被理解和接受。這樣的態度讓我變得固執，而朋友也因此覺得自己被忽視、冒犯。我深刻地意識到，我們之間的矛盾是由於彼此不尊重和不理解對方的看法所引發的。如果我們都能夠三思而行，好好聆聽對方的想法，並理智地表達自己的想法，那麼這場吵架就可以避免了。

這次吵架讓我學到了很多關於人際相處的重要道理。我意識到，在與人交往時，要學會尊重對方的想法，並且好好聆聽對方的意見，不斷地思考自己的言行是否會造成誤解和不必要的爭執。只有這樣，才能夠與人和平相處，建立良好的人際關係。

我明白，不僅僅是言語表達，做任何事情都需要三思而行的態度，去尊重對方、聆聽對方、理解對方。經歷了這次事件，我在之後的每場對話中都會仔細思考並尊重他人想法。

夏日

林容宇

終於有勇氣提起那分黯淡，眼裡滿滿的是惆悵。不知從何時起，一切都變了模樣，火焰終被水熄滅，沉入了海底，火柴就這樣報廢了，然而那曾經努力綻放的火花遺忘了許多殘屑，滲透每片角落。

生如夏花之絢爛，一個青春的暑假，一個瘋狂的夏日，與許久未見的人突然聯繫上了，日以繼夜地分享著彼此的生活，分享每個不同的星空。雖然相隔千里，但似乎一直在我身旁，千里如層紗，網課的日子裡陪著彼此上課，與疫情奮鬥的日子裡一起痛苦。漸漸地，這一切的泡沫變成了日常。不知自己為何如此瘋狂，像灌了高濃度酒精，將大腦的理性全部屏蔽。

那是一個充滿幻想與挑戰的日子，似乎只有夏日才會擁有那種激情，瘋狂地掉進深不見底的夢境，像清醒的傻子。你突如其來地闖入，使我不顧一切的按照毀滅性人格做事，只因為有你的陪伴。然而面對著現實，彼此都知道這是個無法持久的故事。

死如秋葉之沉寂，瞥見，夏天漸漸走向尾聲，楓葉再次將彼此帶入不同的世界，短短的邂逅，長存於思念，我難以控制的神智漸漸地被封存，被回憶侵噬，成了碎片縫合的人形木偶，無盡的是遺憾。整日望著天，想像在遠方的你。不知過了多久，我與內心的糾纏已成習慣，習慣了你被封印的默默陪伴，卻默默的細數著體內燃燒的意念，像煙火燃盡終被留念，卻偷偷的期待某日在夢裡能來場毫無保留的豔遇。

都說時間是治癒一切的良藥，即使過了那麼久，愛帶來的傷痛已消磨殆盡，看似平淡無奇，輕觸便滾燙熱辣。短暫而閃耀的日子，被繁忙吞噬，海水漸漲，餘溫漸減，即使如此，你的出現拾起支離破碎的海洋。

我深知我身上有一個不可戰勝的夏天。

滿溢的玉鉤

耿宸佑

那天夜裡，我與你，坐在廣闊而翠綠的草地，你望著高掛天空、潔白而有著缺口的玉鉤，我的視線卻被你因月光而閃爍的臉龐所吸引。夏夜晚風，吹動你那烏黑的髮絲，也再次吹動我因時間而不再悸動的心。

還記得，第一次見到你，是對愛情懵懂無知的年紀。你就坐在我的斜後方，每每回頭，看到的是你低垂的眼眸，和那雙盯著難題發愣的眼神。下課時，在座位上便能聽到你們的打鬧聲，時而聊著戀愛趣聞，時而對流行服飾品頭論足。聽著不時傳來的嬉鬧，枯燥乏味的備考生活，好似因此添上了一抹青春的氣息。

慢慢的，我也開始期待著每天早上的到來。漸漸的，你好像也注意到我，在我們四目相交之時，臉上總掛著一副若有似無的微笑，時間也好似被你的笑容拐走了。有你的每一天，過得很快，也很慢。快的是，和你聊天時，無法停止胡思亂想的大腦；慢的是，因為你的一舉一動，而停止跳動的心臟。但是，大考來臨，這分因你而燃起的火苗，吹散在瑣碎的春風中。

很快的，繁瑣的考試結束，我們也升上了高中。幸運的，我們之間的聯繫並未中斷，生活圈彼此相鄰，交集也逐漸增加。偶爾會一起討論課業，偶爾會陪著你衝刺段考，為了靠近你而努力念書，你也將我拉近。我陰暗的內心，被你的炙熱點亮。我也才意識到，自己早已無可自拔的迷戀上了你。

回到了過往被吹落的夏夜，塵封記憶的鎖早已鏽蝕，點點星空襯托著銀月，美如畫，卻不如你。看著你映照著黑夜的眼眸，想說的話如潮水般湧上，卻無法用言語表達心意。

「做我女朋友吧！」

「請和我交往！」

「要不要和我在一起？」

話語已至舌尖，卻如泡沫般破滅。你突然回首，衝我嫣然一笑，這一笑，好像回到相識，第一次的四目相交，那一抹淺淺的微笑，在大腦運作前，控制不住的感情早已滿溢。現在的我，只能掛上微笑，看向遼闊的滿天星雲，大聲的說出，我喜歡你。而那玉鈎的缺口，也一同滿溢。

曖昧

呂家瑋

內心嘩的沖來各種情緒，人說酸酸澀澀如愛情的滋味，我渴望過、想像過，但從未如此接近。

那日早晨敲開教室門見到妳，煥爛的美貌刺入眼簾，我悄悄坐在你身旁，時不時微轉著頭想瞄妳，我既興奮又謹慎，深怕自己任何舉動引起妳不適，單純的國中生，真摯的曖昧感，就僅為保持自己最佳形象而努力著。這時我又瞄了一下，想看看妳在幹嘛，怯於妳深邃的瞳孔反射出我，我通紅的腮幫子，身體不受控的將頭轉了回去，低頭默默寫著作業，寫下一堆莫名的線條，完全無法控制的情緒湧入內心。緊張？害羞？我不知道，大腦兒不起心腑，血脈如蝗蟲過境般迅速噴流，此刻的我真的慌張，就像動漫中的小學生看見喜歡的人般羞赧。

不知為何，此事又重複了許多遍，而與妳之間彷彿拉近許多，常於笑聲中互視對方的反應，但當愛情緩緩升起時，又感到妳想保持距離，每天不定的有著喜怒哀樂調味生活。我並非討厭如此，但那種不確定的曖昧、說不清的距離，顯得苦澀不堪。這份「友情」想昇華卻又停擺不前，戀愛似乎近在眼前卻同時遠在天邊，內心揪著許多情緒、疑問、想像，在摸不清的曖昧中，我只能靜靜等時間將結果磨出，就這樣慢慢的等……

我終於明白了妳的心意，我亦欣然接受，難過是必然，但這份戀愛般的酸甜似乎緩緩的改變了我。為了妳，我變得成熟、穩重、同理、開朗，儘管最後是如此的結局，我相信這段過程的確煉出了不同的我，終究謝謝妳，成為我的試煉。

祝福

張弘霖

緩緩步入地下酒窖，陣陣寒意襲來，今晚，想必又只有星空為伴吧！拉開再熟悉不過的酒櫃，卻無心認真挑選，只得信手握住起一支擺放於最外側的清酒。啵一聲，是瓶蓋與瓶身的分離。縱使不願意，仍難逃分離的宿命。

一瓶好酒、兩個酒杯，卻只有我一人獨飲，寂寞無伴的酒杯令人心痛。憶起過往的點點滴滴，不禁又再嚥下一口回憶。憶起那第一次交談甚歡，第一次親吻，第一個夜晚，第一首使妳埋首於我懷中啜泣的情歌。往事一幕幕像電影情節般縈繞我心，曾經一起走過的黃昏沙灘，曾經一起規劃的蜜月旅行，曾經一起幻想著我們的美好未來，曾經一起立下的海誓山盟，都已化作烏有。

那份熱情的漸漸消失，那份溫存的漸漸冷淡，一段感情漸漸地變了調，當時的我卻是毫無察覺。也許是入不敷出帶來的自卑，又或許是事業版圖前景帶來的興奮，使得我在生活中迷失了自我，只想著美好未來，渾然不知當下即是最為幸福的時刻。那日陰雨綿綿，掙扎地離開被窩，看著桌上遺留著妳不告而別的紙條，我知道，也明白，是妳太了解我，怕我挽回，更清楚妳是不願看見我的眼淚而後悔了決定。

千金難買早知道，現在反思著當年如果做了什麼改變，也無法再回到那個從前。總想著怎麼修補這段戛然而止的關係，只發現無從彌補，或許是我該放下，放下這份執念。興許站在遠處祝福，就是對這段共同回憶最好的修補。

主流與非主流

陳以勤

每個個體存在許多差異，大至性別，小至興趣。我有個興趣是喜歡ACGN——Animation動畫、Comic漫畫、Game遊戲、Novel小說的縮寫，但這個興趣為我引來了許多困擾。

當身邊的人聽到我這種喜歡二次元文化的人時，我都可以背出他們時常會提到的詞，有時還會覺得自己熟練得有點悲哀，「肥宅」和「臭宅」是其中最刺耳的，前者還能姑且歸咎於自己的外型，但後者我就無法苟同了。人們似乎對「宅」一字有些誤解，本應指不出門的人，後衍生為對某件事熱衷之人，例如：「機械宅」和「動漫宅」，甚至如果你很喜歡國文都可以稱為「國文宅」。而我的興趣有個別稱叫做「御宅文化」，屬於次文化，但絕對不是次等文化。我身邊的人大多認為現在的主流文化是韓劇和韓團，我無話可說，他們有很大的影響力，但我還是熱衷於自己的興趣。

我早已習慣被歧視性的言論攻擊，就當作他們不知道御宅文化的魅力。真正讓我無法理解的是，當某些動漫進入主流文化時，他們卻一點意見也沒有，即便他們的行為和我沒兩樣，他們也不會說自己宅，就好像有一位素食主義者說自己是「白肉素」一樣。

有一次小其和小桀各穿了一件上面印著不同動漫的衣服，小其身上是一部熱門動畫裡的帥氣標誌，小桀身上是沒有進入主流動畫裡的女主角，而小桀受到了另類的眼光看待，甚至連小其也對小桀投以相同的眼光。這不是雙標，什麼是雙標？「我沒看過那部動漫。」那你為什麼要批評？「因為他身上是女主角。」所以你現在是歧視女性嗎？「小其身上的動畫是熱血的。」但追根究柢他還是屬於御宅文化，怎麼不歧視呢？「好啦你很可憐欸，臭宅！」……

當喜歡同性的人可以在街上大聲承認自己是同性戀時，我們卻只能默默的裝出一般人希望的樣子；當「主流人」們分享自己參加韓團演唱會時，我們只能跟有相同嗜好的人炫耀自己買到的虛擬偶像限定周邊。他們是光明的信徒，而我們只是隨處飄蕩的灰塵，只是一小撮，沒人喜歡，也沒人在乎。「為什麼不大方的和大家分享你的喜好呢？」想衝破他們的防線是不可能的，尤其是牆上還帶刺，這麼做只會遍體鱗傷。唯一的希望是有人將城門打開，但遇到敵軍還做出這種行為的人屈指可數。

我並沒有要你們和我有同樣的嗜好，將價值觀強壓在別人身上是很沒人性的，不求你認同，只求包容與尊重。可惜的是，我們似乎比那些「主流」更了解這個道理。

不再是特例

林信妤

楚狂接輿「鳳歌笑孔丘」時，孔子並未排斥，反而想與他談話，然而後世「瘋狂」卻逐漸被汙名化。難道文明真的在倒退？隨著科技的發展，道德感正在一點點喪失？

或許事實並非如此。魏晉時期竹林七賢灑脫不拘，當時雖然仍被賞識接納，曾被冠上「隱士」名號，可是他們的舉止卻時常不受理解，生活被孤獨包圍，史學家亦不曾筆下留情。只是隨著自由風氣盛行，我們開始重視歷史中竹林七賢的獨特存在，讚揚或洗刷汙名，我們也就此忽略他們的辛酸血淚。

也許古往今來，人們面對差異便無法避免牴觸心理，或許是天性使然，根據「重複曝光效應」，人們容易對熟悉的事物產生好感，而對差異往往評價負面，更常常在尚未完全理解、認識差異時，選擇性地接收與自己一致的觀點，進而產生「尖角效應」，完全否定那些與我們不同的人事物。即使少數差異想要反擊多數，卻沒有能與廣大群眾拚搏的力量，最終只能在歧視的目光下苟延殘喘。

因此，破除大眾對差異的刻板印象，從來都不是透過發掘差異中的利益並給予肯定評價，像是藉由「自閉症也有天才」這一敘述清除固有的負面認知。若想真正的破除偏見，我們需要改變最基礎的思維，以尊重、平等之心對待那些與我們不同的人，面對未知保持虛懷若谷，發自內心不視差異為異常，不過分強調差異群體中令人敬佩的榮耀，減少矯枉過正的機會。

「差異」從來都不必過分強調，它本是生物多樣性的一種表態。因此，面對差異，我們只需以平常心溫柔對待，讓差異不再是特例。

差異

廖致傑

人生歷程中時常會遇到各種各樣的差異，不同的人、不同的文化、不同的觀點，這些差異或許能豐富我們的生活，但接受差異並不是那麼容易的事情，這需要我們有勇氣去打破固有框架的思維，去對待、去尊重、去體諒、去學習、去理解，甚至去遏止所謂的差異歧視。

回首過往，常常因為不理解、不熟悉，當面對差異時會感到困惑，甚至抗拒。在我高一的時候，參加模聯社，一方面讓自己有機會關心國際事務，理解不同文化的人對同一件事的不同看法，另一方面也讓我有練習講英文的機會。

在一次的秋季培訓中，我這組代表利比亞討論不擴散核武器條約的議題。我和兩位來自不同學校的同學合作，合作的初期，我們並不協調，在溝通上遇到了很多困難，是我們的思維方式不同，是我們表達方式存在著差異，我抱怨過為何我們不能像其他團隊成員一樣容易合作。但也許其他團隊成員也跟我們一樣有著許多不同，只是我們不知道而已。後來，秋訓的老師告訴我們，要大家多接觸、多溝通，互相交流，來建立彼此和諧的關係。這讓我知悉，雖然我們都是有著差異的個體，但經由共同平臺上的交流和合作，可以將差異統合成力量，使得活動圓滿達成。在這次「差異的過程」中，我體會到面對不協調的重要性，不協調的解決方式不僅僅是接受差異而已，更應該要理解它並尊重它。

面對差異並不容易。差異可能表現在與他人的互動，也可能表現在自己內心。每個人都有自己的優缺點，我們也會因為自己的不足、疑惑而感到害怕、焦慮。但透過學校教育及家庭關懷，我意識到，屬於自己內在的差異也是我獨特的部分。我應該要接受差異，畢竟每個人的人生經歷都不相同，我只需要按照自己的步調、節奏往前邁進，不必時時刻刻與他人比較。

另外，我們和別人的差異也是寶貴的資源，讓我們有機會學習從不同的角度看待事物，可以互相成長，也讓我有機會成為一個富有智慧、心胸更寬容更開放的人。人生在世本來就會有各種不同的際遇和經歷，若我們能夠站在「尊重差異」的立場，迎向更多的挑戰，這樣的人生應該會更好。

無論是團體的差異還是個人的差異，正是這些差異讓社會有著繽紛燦爛的色彩，也使世界變得更加豐富多樣。身為學生的我應該秉持對差異的尊重、包容和學習，勇敢地面對差異，讓自己的人生更加美好。

修補

葛彥宏

在寂靜的屋簷下，窗外滂沱的大雨顯得更加淒厲。外頭電閃雷鳴，劃破了夜空與寂靜，現出一道明亮的缺口。

這已經不是我第一次對父母發脾氣了。

父母的期望驅使我一直努力上進，但我也常常因此備感壓力。那天夜半時分，成堆的功課與隔天的報告正侵蝕著我，外頭下起大雨，天色昏沉，加劇了我內心的煩躁。此時，父母從門外探頭，希望我能上床休息，明天早上保持好精神。我不理性的對著父母發洩、咆哮，理直氣壯的稱「你們都不懂我的苦！」隨後甩門，伴著雷雨聲徹夜趕工。

也是從那時候起，我的精神狀態開始走下坡，心裡的壓力逐漸轉化成身體的病痛，我幾乎失去了健康與一切能力。我請了好長一段時間的假，也拖累父母必須每天在家照顧無法自理生活的我。

他們沒有怪罪我，而是認為自己要求太高，影響我的身心。父母給我更多的關愛，嘗試一步一步建立深厚的親子關係，也轉向了解並協助我的課業，讓我能不被期望所縛，享受學習的情趣。

升上了高中，我的學習狀況逐漸明朗，一切均歸功於父母對我的開明態度。遺憾的是，我無法回到過去收回那傷透父母心靈的幾個字。我為我的幼稚行為感到懊悔，但同時理解到，父母多年來對我的希冀與忍受的辱罵，都是愛與包容的展現。

父母對我無微不至的愛，彷彿女媧補天的五色石一般，修補了家庭關係的裂縫，留下一處淺淺疤痕，作為我成長的印記，叮囑我時刻保持健康，也要永遠保存那分愛。

米香

賴楚元

人的味蕾如同一根細針，在回憶的長布中隨意穿梭，最終串起一切事物。甜象徵樂事，酸象徵悔恨，苦象徵困頓，鹹象徵生活，將全部串起即呈現每個人特有且難忘的回憶。

唐魯孫曾在《中國吃》書中一一細數北平的甜食，細細追索糖葫蘆、豌豆黃、綠豆黃、蜜餞、酸梅湯等每一道甜食的細節，即是因為每樣食物都承載著他的過去。或許，每當考試滿分時就能拿到一串糖葫蘆；又或許，每當爸爸回到家就會帶回他最愛的藤蘿餅。這些有關甜食的回憶，帶著唐魯孫的思念，爬滿了北平的時光。

零食在多數幼童心中，象徵獎勵、人緣等，但零食對我而言象徵著美好。在我還小的時候，總會到外婆家玩，而我最喜歡的時光，則是外婆用著布滿皺紋而溫暖的手，牽著我走向菜市場買米香。

市場中心的空地總會圍繞著一群人，觀看爆米香的製作。我和外婆走進人群，正好看到老闆將米倒入容器中，在爐裡翻滾，依偎著火，努力膨脹自己的身體。不久，老闆看向充滿鐵鏽的壓力計，點了點頭，轉向群眾喊出：「三、二、一！」隨著拉桿壓下，我緊張又期待地靠向外婆，顫抖的手摀住耳朵。

「碰！」米香順著容器口噴出，被袋子牢牢接住。

外婆上前拿出錢包買了一袋米香。路上，我一手牽著外婆，一手拿著熱騰騰的米香，心想著：「現在真美好！」

如今，當我再次吃到米香時，雖然四周已物是人非，但我還是會想像外婆握住我的手，以及米香串起的美好回憶。

龍眼乾

李侑恆

在食品高度工業化的時代，零食似乎成了隨手可得的東西，到處都有，價格親民。然而兒時的我卻不見到，取而代之的是一袋袋裝滿圓形小球的袋子——龍眼乾。

也許是刻在基因裡的本能，小孩總對高熱量的甜食情有獨鍾，而我也不例外。每每回到爺爺家，就期待著能拿到龍眼乾。

記得那一次，我呆呆地坐在鏽跡斑斑的搖椅上，看爺爺拖著年邁的身軀，扛著梯子，一步一步走到龍眼樹下，開始往上爬，要摘採龍眼。不巧，一陣強風吹來，爺爺重重的摔了下來。我驚慌的看著直流的鮮血，爺爺嘴上還笑著安慰我。如今的我才意識到，這口中的甜有多麼得來不易。

為了包紮傷口，爺爺第一次帶我去到他的房間。房門一開，濃烈的桂圓香混著一股不自然的藥膏味。看著爺爺身上大大小小的傷疤，我忍不住哭了出來。爺爺看到我哭，急著用零食安慰我，而手邊卻只有龍眼乾。

那是我第一次嚐到龍眼乾的滋味，濃縮而單純的果香，甜中帶有微酸，又混了些淚水，帶了一點鹹味，反而襯托出甜味，格外香甜。

那份藏在殼裡，不善言詞的、加倍濃縮的愛，儘管爺爺已不在人世，卻從未消散。剝開最後一顆爺爺親手做的龍眼乾，和第一次一樣，一點點鹹，特別的甜。

零食是道門，門後是回不去的往事，和見不到的人。

我想跟你說

林信妤

你那春陽般的笑容，總讓人有種難以言喻的安心。與你共享的時光，甜得能溢出蜜。紅塵繁瑣，然萬般流連，終是猝不及防闖入你的笑靨。我的心一室一廳，只容納得下刻骨銘心的情與愛。我想跟你說：「偷偷喜歡你，很久了！」

每每對上你清澈單純的目光，我總忍不住想欺負你，想看你面紅耳赤的樣子；每每看你沒有在第一時間奔向我，我總忍不住醋意大發，怪罪你的心總是傾向他人。即使如此，每當我被現實的荊棘刺得滿身瘡痍時，無助地癱坐在沒有光的一隅，你總是靜靜的走到我身旁，讓我能緊緊抱住你，釋放難以言說的苦處，或溫柔撫摸你，尋求一點溫暖的依偎。好像只有你，能讓我放下所有的堅強武裝，崩潰地大哭；拔除我堅硬的外殼，展現內心尚未完全成長的小女孩身影。

即使如此，平時我總不屑和你說話。但今天，我不願多想，我要大聲的對你說：「感謝你所有的溫柔陪伴，你早已成為我心底難以磨滅的一束光。」

雖然你是最懂我的無聲解語花，可是你也是敏感的小孩。在雷雨交加的夜晚，你可以吵得全家雞犬不寧，有時還會無緣無故地耍小脾氣。然而比起我對你的怒目直視，爸媽總願意不厭其煩的照顧你。看著爸媽輕聲細語哄著你，手一邊摩娑你雪白的身軀，剎時間，好像看見嗷嗷待哺的我是如何日漸茁壯。他們不求回報的付出，永遠全心全意待我，在這個日漸冷漠、人情複雜的社會，不摻雜利益糾葛的家庭，或許便是最刻骨銘心的情感聯結。家是永遠的避風港，只要願意，隨時為我敞開。而這裡除了父母手足，也有你的位置。因此，我想要對你說：「願你能持續鼓動愛的翅膀，讓我們的家人在黑暗幽冥無邊的夜晚，闃寂中亦能覓得力量，翱翔前進。」

或許這是因為你的魔力，自你出現的兩年，我的回憶轉瞬充斥著你的身影，你便是奶油小狗，也是我心中親愛的妹妹。

第四堂課

成全：與群體對話

我曾經在團體中扮演什麼角色？我喜歡這個角色嗎？

我經常在團體中扮演什麼角色？我有什麼感受？

我希望自己在團體中能扮演什麼角色？這個角色具有什麼吸引力？

當我看到團體中表現比我優秀，或與我並駕齊驅的人，我會有什麼想法？

當我看到團體中表現不如我的人，我會有什麼想法？

我如何看待自己所處的家庭、團體和社會？

我希望自己在群體中可以發揮什麼影響力？

我覺得我可以做些什麼來影響身邊的人及下一代？

薩拉馬戈的小說《盲目》，描述某座城市遭受莫名傳染病侵襲，染疫者皆失去視覺，眼前一片白茫茫。當局將染疫者集中隔離，派持槍士兵封鎖大門，每日僅提供食物箱讓盲人們取用，其餘任由盲人們自生自滅。

盲人們在隔離所發展出合作的規則，共同維護起居環境，平均分配食物，負擔勞役。此時，一群流氓以暴力霸占食物，要求其他人付出財物來交換。這些自利者破壞團體合作，最終釀成對立與衝突，而流氓頭子自己也遭到殺害。

從這段情節可以看到，只要為數極少的自私自利者，就足以破壞一整個大群體的合作。個人與群體間相互影響，彼此牽動。我們都不是一個人，如何與群體對話，是每個人都要面對的課題。

我的團隊病

在思考上述的問題之前，我先讓同學們閱讀EMBA雜誌四一七期〈團隊合作原則有哪些？你的團隊合作是進行式嗎？〉一文。文中提到當前社會上有許多「無法單靠個人」完成的事情，不論學校、企業、運動場、醫療現場……都需仰賴團隊合作，以達成目標。

中原淳與田中聰在觀察學生的團隊活動時，提出「團隊病」的觀點，例如：過度專注個人任務，而忽略團隊目標；分工後各自進行任務，缺乏聯繫，因而使個人遺漏工作；看見成員不當行為時，怕破壞關係而不敢提醒。

我請大家運用文中的觀點檢視自己是否也有「團隊病」？過去曾發生什麼事，讓你察覺自己的團隊病？你是否認為那是「病」？你怎麼面對或調適？成功與失敗的經驗帶你什麼啟發？你從中看到自己哪些成長的印記？

角色樹的反思

我援用「角色樹」的圖象概念，讓學生看圖之後想像：有一棵樹高大聳立，伸出許多枝幹，樹上共有廿一個位置，你最想待在哪一個位置？接著，請學生進一步思考與想像，待在那個位置上，可能會看到什麼？經歷什麼？跟樹上的其他人產生什麼互動？會有什麼感受？

而後，請學生閱讀一份關於「角色樹」所代表的團體角色解說資料，並思考哪些描述符合自己的模樣？哪些不符合？如果讓你來解讀，你會如何描述各個角色的特質？

用萬物的眼睛看世界

在觀察自己所處的家庭、團體和社會時，如果能擺脫既有的刻板印象，變換立場，或從過去未曾嘗試過的視角來觀看，可能會有全新的認識，甚至訝異自己竟然可以看見世界的那一面。

例如詹佳鑫在〈蒼蠅人〉中化身為城市的旁觀者，從空中以複眼觀看世界。此時，充滿課業壓力的教室彷彿暫得舒適愜意，繁華喧鬧的臺北城也好像成為「闃無人煙、荒草漫漫，遍地記憶的廢墟」。

於是我請同學們先閱讀夏目漱石《我是貓》、白希那的繪本《我是狗》、詹佳鑫〈蒼蠅人〉，想像自己是某種動物、植物或器物，以萬物的視角來觀看周遭習以為常的一切。藉由語言和想像的使用，開創新的思維路徑，與整個群體或社會對話。

也無風雨也無晴

林信妤

一畝畝綠油油的蔘田，好似收藏著總角時的笑靨和淚水；一畦畦淡褐的秘境，好似裝載著童稚時的執著和似懂而未解。華麗的轎車穿梭在一方方金燦燦的稻田，我緩緩降下車窗，迎面微風有著青草、青桿結滿稻穗清香，我靜靜聆聽風的耳語，捕捉捉著蟲鳴鳥叫。隨著汽車的緩緩停下，我也抵達班級辦理的暑期營隊學校，在父母的溫柔叮嚀下，我懷揣希望跨入這間國小。

緩緩步入那敞亮的小教室，撫摸已與身高不合的小小課桌椅，目光轉而悄悄落在教室一隅的遊戲區，小時的青澀回憶恍若重現，嘴角止不住的上揚。剎時，嘈雜的喧嘩聲似洪水般迎面襲來，隨著腳步的逼近，越發奔騰猛烈，鋪天蓋地的海嘯淹沒整個廊道。混亂間，我開啟人生第一場正式的教學。原以為孩童似新芽般可愛，調皮卻讓人忍不住被那新生氣息吸引，沒想到課堂中材料爭搶如火如荼，打鬧吵架龍戰魚駭，一波未平，一波又起。而為了確保材料充足，我不得不四處奔跑，可是由於事前無人知曉課程順序，因此我只好狼狽地處理所有突發狀況。濕透的髮絲一次次打在我紅通的臉龐，汗水緩緩滑落至眼眶，好似淚水無助，但我無法坐下喘息，轉眼間又是一個個來自隊輔、組員、學童的問題，總以為我能似小學老師般游刃有餘，沒想到卻成了俎上魚肉。

血戰之後，精疲力竭的我無力地收拾殘局，想著適才的各個慘案，試圖給自己的失敗一個答覆。或許小孩頑劣是真，然而許多問題卻是由於事前溝通不足及疏忽大意導致。我犯下兩個致命的團隊病——不合理分配工作與習慣性單打獨鬥。我自信的以為憑一己之力便可以掌控整場，將許多人分配為機動人員，忽略孩童之事必須鉅細靡遺，連去廁所也需人員照看。此外，我不習慣麻煩別人，因此把多項事務歸類為我的工作，然而突發之事繁多，且皆需我的指示，因而力不從心。

因此，在第二天相同課程開始前，我特別列了一張課堂流程及注意事項，另外也增加了食材準備量，並加入了下課時段，避免學童在課堂中私自去洗手間。第二次課堂順利許多，雖然有材料過剩，但整體還算不錯。

我懊悔第一天未做好充足的準備，然而時間一去不復返，或許我能做的只是包容與記取教訓，寬恕過去缺乏經驗的自己，原諒孩童的頑劣。他們或許與小時候的我們一樣，但我們自私的只看到舉辦營隊的苦楚與疲倦，忽略自身的能力不足。小時的我們，有幸能在父母悉心呵護下逐漸長大，在師長耐心關切下學會規矩，可是如今卻無法延續這分愛，反倒怨懟稚子。因此我們不論情願與否，都需要打從心底真正的去包容曾經的自己與曾經憤懣的事，畢竟自責之心或許會隨時間排遣，然而失敗經驗卻不會因此化解。在懊悔過錯之餘，更應該思考的是，我們要如何不再用時間撫平傷疤，而是真正理解與放下一切？如何不再用歸咎解決問題，而是自團隊病汲取教訓？

我相信往後我的會更謹慎看待事前規劃，多方請教有經驗的相關人士，不讓往事重演。

青桿與穗子依舊搖曳，我推開轎車的窗，望蒼芎靜朗，依稀之間，是縷縷清香，自稻田幽幽飄送而來，我不再陷於泥濘，頓時也無風雨也無晴，敬順萬化的沉靜亦始終安然。

缺口

呂家瑋

一個稀鬆平常的夜晚，我的頭倚著窗戶，向上仰著頸看看夜幕。外頭的漆黑襯出唯一的那道光，弦月的月暈扳開了雲層，露出了自己的真面目。就這樣我整夜望著它，看著它缺去的那大半月，彷彿對照了心中的一段過去，一個無法挽回的缺口。此刻的我盯著夜空，愁緒卻漸漸浮出內心，腦海流過了許多回憶，開始回想起那段不堪回首的過去。

仍是最近的事，是個熾熱的仲夏，舉行了義務性質的營隊，我們全班至一所小學進行教學、實驗、帶領小學生等等的勞力活，確實累人又煩心。整日與孩子鬥鬧即可耗去所有精氣，一到晚間已累倒時，卻又被逼著聽幹部的訓話、如何改進，完全炸怒了我疲憊不堪的內心。情緒駕馭了理智，我開始搗亂會議，和朋友大聲抱怨，並不時提及這趟行程的無用和幹部們的無理，宣洩我的不滿。毫不考慮後果的隨意發言，內心確實舒暢，但想當然耳的激起了不小的糾紛。組員開始喧鬧，全班似乎決裂成兩派，眼前這幕彷彿戰爭，但我卻沒有意識自己的錯誤，反而一同起鬨，「無話不說」的謾罵充斥了會議室。

我似乎打翻了一鍋悶了許久的沸水，且覆水本就難收，更何況是鍋沸了兩天兩夜的滾水。後續的夜晚、隔日的早晨、後日的歸返，一切均劃下了重重的一刀，斷開了過往的所有努力及合作，斷開了心中小小一片。

回憶起這段鬧劇一般的日子，不禁笑起自己的幼稚，但笑中卻帶一點點的空虛。摸著胸口，有塊摸不到的友情，或許本來就不明顯，使我不重視，但遺失後卻形成了缺口，讓心無法完整。每當想起，都有股莫名的惆悵，向內呼叫卻傳來陣陣回音的空蕩，確鑿的感覺到遺憾，但我又能如何呢？

或許人生就是如此，在重複不斷的選擇中有失去，也有得到，但最終缺口是必然的存在，不用思考如何將其補起，能偶爾回憶起自己的愚鈍、過失，並省察自身，在寂寥無聲的深夜，默默的改變自己，也許就足夠了。缺口固然明顯，但就讓它明顯吧！畢竟它的存在就是在鞭策自己、警惕自己，在未來的好幾次選擇中做下不後悔的決定。

再仰首看看月亮吧！就連高掛的它都能擁抱自身的不足，那我也應全然接受這個缺口，謙虛的了解過錯，欣然的擁抱悔恨，為自己的選擇負起最大責任。而那已過去的故事、糾紛，就讓它過去吧！讓它割下的心永遠在身後跟隨，或許有著這樣的缺口，也並不是件壞事。

小組報告的三種風景

葉睿穎

眾所周知，學生時期最輕鬆的作業就是小組報告，因為通常會有優秀的隊友站出來獨自承擔這一切，其他人只需要負責在旁划水、摸魚，之後等著上臺報告去湊個人頭、混個分數就好了，省時省力又開心；最困難的作業也是小組報告，因為總是會遇到什麼事都不做、毫無貢獻的組員，只好一肩扛起整個報告製作，更氣人的是，付出完全不對等的勞力，可最後卻拿到完全一樣的分數，費時費力又糟心。

如果做一個「臺灣學生認為最糟心的事」排行，難以下嚥的營養午餐排名第一無庸置疑，而緊隨其後的鐵定就是小組報告了。根據我的學生生涯，小組報告可以粗略分為三種分工型態，分別是：「分工合作型」、「各自再統整型」、「帶飛混分型」。「分工合作型」是最理想的狀態，大家有效率的溝通，盡全力完成這份報告。「各自再統整型」則相對較不理想，所有人做完各自的部分再交由最後一人統整，看似存在分工合作，實際根本無從得知各自想表達的理念，交給統整者的內容也經常出包。「帶飛混分型」誠如開篇所述，是所有分工中最糟糕的。三種類型的分工看似只能拚人品，抽到的隊友是什麼樣的就只能如何，但其實箇中關鍵在於溝通。

很多時候，成為混分型隊友並不是缺乏參與意願，而是想參與卻能力不足，發出的意見沒人理會，最後漸漸沉默下來。

升上高中後，我加入了模擬聯合國社，以阿根廷代表參加了當時模聯社舉辦的一場秋訓。那次秋訓的主題是「如何使『核不擴散條約』更有約束力」。由於是模擬聯合國，會議採用全英文進行。在那場會議中，我成了最不負責任的混分型隊友。我的英語程度欠佳，聽不懂兩個隊友彼此間在討論些什麼，我完全插不上話，整場會議完全搞不清楚狀況，也不好意思一直開口問他們。他們見我都不開口，也漸漸放棄與我交談。於是乎，整場會議我就坐在一旁寫化學講義，看他們兩個時而討論要站在美國還是中國立場，時而走上講臺用流利的英文講一大串我聽不懂的話，全程划水，最後也不知道怎地稀里糊塗就結束了。缺乏溝通的意願與勇氣，是「帶飛混分型」分工形成的關鍵。

「各自再統整型」則相當考驗個人能力，對於每一位組員而言都是如此。非統整人員得具備一定程度的文字能力，至少先校過一次錯字，把複製的文字去掉格式並標註出處，完全抄襲網路上文字的比例也得控制在三成以內；統整人員則要負責釐清每一筆交到他手上的文件彼此之間的關聯，想辦法將其串聯成一份流暢的報告。更多時候，倘若其他組員缺乏責任心，本段前面篇幅所述的那些事項也會成為他的工作。

高一下學期我轉入了青年社，青年社是負責編寫校刊的社團，與他人共筆幾乎是必然的事。我很慶幸當初第一次寫校刊時，遇到了一位很優秀的主編，在撰稿前就規劃好了每個人該負責的部分，並做了很清晰的講解，讓大家都能知道該如何動筆，也一直叮囑我們同一專題小組內部一定要互相討論，互相督促。在主編的領導下，最終我們的校刊《燈語晨星》贏得了紀州庵的最佳鄉土獎，成果十分喜人。

「各自再統整型」的分工雖然有著溝通不足的缺點，但只要在開始作業前就訂下明確的方針，組員也全心全意地投入，還是會有相當不錯的結果。

「分工合作型」是最為理想的狀態，通常只會出現在有個領導力很強的隊長或組員間關係很好的情況下。有別於「各自再統整型」，「分工合作型」的分工，所有組員會依照自身特質及能力進行不一樣的工作，發揮自己的長處將這份報告做到最完美。

國三某次英語和國文課堂報告，我都和最好的朋友分在同一組。我擅長國文，他擅長英文，我們索性一人負責一門課的報告，我講〈誡子書〉講得很歡快，他分享英文繪本也分享得很開心。這次小組報告不同以往，沒有任何爭吵或心理不平衡，有效的溝通造就最好的結果。

說是三種，但大多數的時候我經歷的都是「帶飛混分型」，有時當躺分仔，有時當英雄。歸根究柢，還是我的內向性格所致，一遇到陌生人就緊張得說不出話來。隨著年紀增長，我也希望自己能將之改善。

老鷹與蚯蚓

陳以勤

團隊，似乎是每個人一生都要面對的。我喜歡擔任領導一職，這個職位通常會讓能力最好的人來擔任，可能是因為這樣，發言比較具有說服力，但我並不認同。我認為，領導者的責任，是在每個人的礦場中挖掘出他們的原石，接著將他們打磨成為一顆耀眼的寶石。

只不過這都是之前的事了。

仍是平凡的一天，太陽依舊從東邊升起。某次校內的團體活動中，共有八個成員參與，我們要在一個月的時間內討論出期末表演的劇本，原本的我應該會身先士卒帶領團隊，只不過這時有人說：「我想當隊長！」

「好啊，那就讓你當！」我毫無猶豫的這麼回答。這麼做的原因只有一個：「我不想有爭吵！」當過許多次領導者後，深諳此理，爭吵雖能得出更佳的解決方案，但在這節骨眼只會造成不必要的紛亂。

這還是我頭一次遇到這種情況，雖然心裡癢癢的，但也是個不錯的經驗，他也確實表現得不錯，但我卻患上了另一種慢性病——「消極」。

不希望發生爭吵，加上不用付出像以往那麼大的努力就能成功，造就了這個疾病。「能輕鬆做事，幹嘛這麼累呢？」我常戲稱「能者過勞」，唯一希望的，就是以不破壞人際關係為前提，完成自己的工作，尤其是和許多能力好的人合作時。

但這反而補足我人際關係中空缺的那片拼圖。之前的我，會因團員不配合而苦惱許久；現在的我，身為團員，更能體會他們的辛苦。被領導，也不是一件輕鬆的事啊！

我想，自己要學習作家洪震宇所做的比喻——不只能當老鷹，從高處俯瞰；也要能當蚯蚓，在低處耕耘。以先前處理糾紛的能力做為調和劑，我相信，在生活中我將能擁有更好的人緣。

團隊辯論

廖致傑

高一時，我參加了「徐有庠盃第十五屆臺灣青年學生物理辯論競賽」。這是五人一組的團隊賽，隊員們必須熟知競賽的題型和要求，因此我們必須在比賽開始的好幾週前，共同利用時間反覆進行相關實驗，並上網蒐集資訊，再將結果做成簡報，也得進行模擬比賽和訓練，以增加賽程的經驗和熟練度。

但事情並不如我想像的簡單。原本我充滿熱情地期待，渴望我們隊員都能夠為團隊的發展貢獻一份力量。然而很快就發現，不是我單方面期待就可以完美的達成目標。首先，團隊中存在著溝通不良的問題，但我擔心破壞同學間彼此友好的關係，就避而不談，導致議程最終仍然無法達成一致或有效的共識，這是患了「客套症」。其次，因為要做的實驗及報告數量很多，一開始就分派任務讓每位隊員各自進行，但卻因此造成報告上的遺漏或重疊，這是患了「任務斷線症」。再者，隊員雖然承諾會如期完成相關實驗，但總有突發狀況導致實驗無法完成，最後得由其他隊員為其扛起實驗的責任，這是患了「一肩扛症」。

在團隊活動中所碰到的課題（客套症、任務斷線症、一肩扛症），讓我開始懷疑自己的能力和價值，自己也產生了疑惑。雖然身處團隊中，但我擔心自己的存在是微不足道，因為每當團隊面臨挑戰或需要幫助時，我似乎沒有能力。積極主動地伸出援手，當自己遇到困難的時候，也不好意思求救，這些都讓我感到沮喪和無能為力。

我本來就不是個積極主動、充滿幹勁的人。在團隊競賽的初始，我仍維持著以往的消極和沒自信，因害怕被否定或被忽略，於是開始抑制自己的想法。然而在最後的幾週，我忽然想通了，我知道只要在團隊中，其實都會存在著各式各樣的挑戰與困難，這也是無法避免的。現在重要的是：我是團隊的一員，所以我應該繼續努力，為團隊貢獻自己的力量，使自己成為團隊中更好的一員。

於是我開始積極又努力地完成團隊給我的實驗與報告，有餘力就主動去支援其他隊友。我的積極讓自己能更加融入這個團隊，我也會儘量發表看法，願意承擔更多的工作。

學生時期的學習，常局限在黑板上的文字、老師講述以及紙筆測驗，而科學學習是需要實際的實驗操作。辯論賽則是透過賽程，運用自身能力解決複雜的科學問題。在辯論賽中提出具有說服力的方式，呈現所要表達的結果，並在科學討論中為自己的主張辯護，是力求以道理去說服雙方，這能夠訓練有效的溝通與表達能力。要做到這些，就必須講清楚自己的立場，也聽清楚對方的立場，將雙方的立場辨析清楚。透過這次物理辯論賽，在雙方相互答辯中，將隊友共同準備好的理論知識清楚表達，成功的說服對手。這種競賽方式雖是以辯論為名，但並非唇槍舌戰。一個人的思考是單方面的，而跟別人的想法做連結，能產生雙向思考甚至結成網絡，讓所學知識更加完整。

最後我們這一隊落實理論，辯才無礙，獲得了徐有庠盃第十五屆臺灣青年學生物理辯論競賽銅牌獎。

透過這次的競賽，現在的我，對於未來團隊合作的活動充滿了希望和信心。

我也深深相信，有了這次的學習經驗，以後無論遇到什麼樣的挑戰和難題，我都可以告訴未來的自己，更加堅持自己的信念，發揮最好的能耐，與團隊一起努力到最後，共創佳績。

臺上臺下

呂家瑋

「下臺一鞠躬！」

這劃過三天兩夜的營隊迎來了句號，臺上的我們看著臺下小朋友，或快樂、或難過。無論如何，他們都只看見舞臺上的華麗、那高人一尺所帶來的距離美，而畢竟這也是我想要的，把成果大方地展現在舞臺上，不留下任何一絲隱晦，但舞臺下的我又有誰看見了呢？

暑假的下午掛著赤裸的炎日，照耀偏鄉的一所國小，灑在窗上的光點散射於禮堂各處，尤其那木製舞臺，顯得更加光滑明亮，彷彿為這一刻的閉幕而規劃路線。我和同學即將攀上臺，以疲累不堪的身軀折下最後一鞠躬，只是一段短短的路程，卻似乎十分遙遠。這臺下到臺上的距離，一瞬間點燃了這三日的一切回憶。

第一天，懸著緊張的情緒走到了營隊活動的大門前，事前所有努力掛在上面，開會、研習、試教、彩排……等等，所有人的力量推開了這扇巨門。腦中浮現前方一道暗黑模糊的隧道，毫無經驗的我，將踏入眼前這條沒有終點的路。而上方的石塊簌簌的落下，後方一點一滴的崩塌，我需頂著上方幾欲坍塌的壓力向前衝。

小孩們依舊迷戀著臺上華美的表演，而我永遠駐守臺下，扛下偶發的任何情況，擔下所有臨時異動，做出所有令人不滿卻逼不得已的選擇，譬如那時而彈出的受傷消息。原本計劃完整的醫療系統卻無能為力，也無法完全以孩童為主，以致我需負起這零星問題的責任。有時，工作人員意見不合；有時，我已宣布的事項卻又突然遭到更改。腦中、眼前的隧道愈來愈曲折，不斷迎來的岔路，卻又都是死路。壓抑著不滿的情緒，還是得慢慢走，我是臺下的人，就該背著舞臺，讓它平坦，讓它毫無差錯。

第二日與首日差別不大，只是做起事來更加費力、費心，疲勞漸漸趕上腎上腺素的包袱，但腦中緩緩浮現一幕有著些微亮光的景色，相信自己能撐過去。

直到最後一日也悄悄抓住了我，爬進了我的腦海中。那日晚上輾轉難眠，想著該如何讓閉幕順利，如何搭起這最後的屋頂，但這種種煩惱依舊無濟於事，突發事件不斷噴出，意見依舊不合，無力感時而湧出，我還是得面對現實，向閉幕碰撞。

終於迎來了最後的舞臺，表演、競賽、遊戲、頒獎至歡樂、憂緒、悔恨、勞累，一切就此殺青，孩童們在落幕前感謝我們，而我也上臺接受了這番情意，內心卻極為複雜。這完美的景色，確實經由所有人的努力才能達成，但臺下的醜態卻沒人在乎。舞臺下，我經歷的一切又有誰來關心？被視為理所當然的準備，又有誰來助我一臂之力？疲勞的身軀，又有誰來治癒？

最後我仍壓下了憤怒，成就感依舊湧現，就理解為自己所努力過的結晶吧！腦海中，隧道末有著縫隙，我傷痕累累的擠過，同時不忘回頭感謝這趟旅途所教我的事——臺下承接了所有風雨，但努力是值得的，只不過永遠別期望他人能和你並肩，畢竟大家都有自己的隧道，也有自己的臺下風景。

臺上臺下有著兩極化的體驗，由於營隊的一番歷練，我才能體悟臺下一片荊棘的感受。臺上吹著涼風，臺下卻下著暴雨，但沒有寒冬哪得梅花撲鼻香？同樣的臺下之人撐起了舞臺，給了臺上完美演出的機會。願我能再次做個臺下人，因為我已經充分掌握艱苦，將它視為動力，並努力完成目標，為終末的成就感而擁抱舞臺下的所有。

站上講臺

林家禾

那一個星期天，臺中的國家資訊圖書館上空晴朗無雲，正前方的太陽，彷彿也在迎接我即將開始的一場精彩演講。汗流浹背的我，儘管早已被豔陽照得頭昏眼花，但仍然反覆回想、背誦我的演講稿。隨著會議室的慢慢逼近，我的心隨著走路的節拍忐忑不安的跳著。

升高二的暑假，平時都埋首在數理領域的我，想給自己一些不一樣的挑戰，便參加了演講培訓的營隊。在營隊第一天的培訓課程中，老師教導我們演講時應有的臺風，協助我們修改演講稿，最後讓同學們實際演練。雖然所有人都開心的分享故事，結識新的朋友，但在笑聲的掩飾下，我仍能感受到教室裡隱藏著隔天決選嚴肅的氣氛。

不知不覺，比賽即將來臨。賽場上，每一個人看起來都是有備而來，然而我在前一天晚上的努力練習後，還是常常忘詞。其他人準備了精緻的簡報與圖片，而我什麼都沒有，只能靠自己的信念。一個人、兩個人、三個人，時間不斷倒數，緊張的我也不斷數著還有多少人。

演講臺，是個讓我深刻感受到自己的舞臺。走到講臺中央的過程中，我感覺手腳顫抖，聽見心臟碰咚碰咚的跳，但我心裡告訴我，就算緊張，也要挺起胸膛來顯示自己的自信。

就在站上講臺的關鍵一刻，我居然忘詞了！但講臺下評審們堅定的眼神，讓我快速整理思緒，開始演講。我以自己近年來面對挑戰的正反面故事，帶出潛力無可限量的主題。雖然因為練習不足，使我沒辦法帶出故事中克服恐懼的氣魄，但靠著自己冥冥中的記憶與同學們的鼓勵，我順利將演講完成，如釋重負走下舞臺。

如果沒有同學、評審在臺下的支持，缺乏經驗的我，很難克服自己心中的恐懼，完成練習時辦不到的演出。這一次的經驗，也應證了我演講時的一句話：「在面對挑戰時，人的潛力無可限量」。

營隊三日

黃正淇

三天過去了！這幾天的時光，好像不斷展開的膠卷，無限延長，但過程卻又如此短暫。

「喂！回來啦，不要亂跑。」「把小隊牌帶回去！」聲嘶力竭的吼叫著，卻又溫柔的對待他們，或許我們團隊缺少一員，但是依然全力輸出的我，精神和體力漸漸跟不上那些小孩的活躍，那些對於挑戰極限樂此不疲的傢伙們。

在每天應付完這些鬼靈精怪之後，晚上的檢討會更是讓我潰堤的關鍵。我不能特別說什麼，因為每個人也都扛下所有了，但是一直被指指點點，心情難免有些波折。晚上要幫孩子們排演小隊劇，早上要先把他們管理好，在行前也要了解所有規則……唐突的是，當天一名隊員的缺席，也只能靠自己的隨機應變，我累了。

直到他給了我一封信，信裡不斷向我說「對不起」、「抱歉」，因為他個人的因素，這三天賦與我加倍的工作量，他明白這會讓我非常辛苦。加上日後一些夥伴的鼓勵，以及看見他人努力的伯樂，我心中的那份情緒才獲得些許平復。正因他們的發現，以及團隊成員們私下的鼓勵，我才能持續於每日的活動中依然強顏歡笑，依然在小朋友面前不失大哥哥的形象。

舞臺上的笑容，舞臺下的汗水。背後支持的，不只是心中那一份奉獻的精神，以及不斷堅持下去的意志力，還有彼此無私的鼓勵，加上發現他人付出的那顆敏銳的心，才讓這三天的活動永存於我們心中。雖說不是最好的結束，但是也是不錯的完結。

成全

張弘霖

時間來到倒數一分半，望向計分板上落後九分，明顯這是殊死一戰，經歷上半場的緊迫盯防，雙方皆已體力耗盡，無一不是依靠意志力強行拖動早已疲憊的身軀。此時，這顆一手能掌握的籃球所承載的，已遠遠不只是這場比賽的勝負，更是全隊上下的一個夢想。關乎著晉級與否。大家都不敢懈怠，場上的任何一絲機會，都得用盡全力去拚搶。

暫停後是敵方球權，此時施加的壓力迫使對手頻頻失誤，我們也得以接連追分。在分差來到四分時，我果斷上前搶斷一顆傳球後，快速推進至前場，吸引包夾再分球給位置更好的隊友，最終造成進算加罰。隊友站上罰球線，只可惜這時皮球彈框而出，不過在激烈對抗之下爭取到了籃板，但留給我們的時間已然不多，我和另一名隊友空手擋拆後，隊友獲得了海一樣的空檔，這次籃球非常配合的劃過一道美麗弧線，應聲入網！

贏了！我們最終是勝利的一方！籃球比賽最講究團隊，不一定要是自己得分，果斷分球、成全隊友也是一種絕妙的進攻。儘管最後幾球並非由我直接得分，但我樂意充當綠葉球員，去成全，去襯托他人的綻放。平日裡的訓練，幾度使我支撐不住，靠得都是隊友一句句加油打氣，才撐到了現在，可誰又不是呢？團隊中的每個成員都會有低潮期，此時彼此互助，伸出援手，便能使這艘戰艦勇往無前！

團隊合作的精神，是每個成員的信仰，身處於團隊中的榮譽，使得我們重視團隊大於個人。若想保持團隊的合作，就要將指責和自責的言語，轉化為彼此鼓勵的情緒，並且無條件信任每一個人能和自己一同奮戰至最後一刻。

正念

葛彥宏

猶記國中時生活輔導課中的兩個新聞畫面：「南一中學生自發撿菸蒂活動受學校表揚」、「北一女學生發起淨街活動，自主研發環保菸盒」曾輕輕掠過我腦海。當上小高一後的一個冬天，我走在回家的路上，正值薄暮時分。那是趟約二十五分鐘的悠閒步行。臨走前，我桌上空無一物的綠色提袋與一旁的粉紅色垃圾袋勾起我依稀的記憶。

當年腦中鮮明的新聞畫面對我拋出了選擇：我選擇接受了那個念頭。我拋棄了難得的、無拘無束的自在旅程，更錯過了每次回家路上都能偷跑去吃的現烤美味鬆餅，此刻我微低著頭，用了四十分鐘穿梭於府城的大街小巷。人行道上的污點在我眼中是多麼的醒目，而我成為臺南街道的小美容師，走走停停，時不時彎下腰一一抹除污點：路上還插著吸管的飲料罐、騎樓中的衛生紙與吸管套等，被我一一拾起，連被冬日寒風侵蝕的臺南公園一側，也被我收拾乾淨，恢復冬日中依然蔥鬱的容貌。那一次的旅程我汗流浹背，卻也「收穫」滿滿，最後我把垃圾袋綁好，拿去垃圾場丟棄後才上樓回家，沒有告訴父母。

好幾次我偷偷地注意路上的行人反應：當然多數是沒有注意到而默無表情，但也有不少行人或騎士投以一點肯定的目光，甚至是露出即便戴著口罩也能覺察的驚訝表情。而每當注意到有人眼角微微上揚時，我內心總是不能自主的抑制內心衝動，彷彿我做了什麼神聖的舉動似的。但時間一長後，漸漸的我也開始懷疑我此後淨街的目的，同樣的還有此前同學對我的人格評價，包括「熱心助人」、「主動環保」等。

這股熱心究竟是源自我真心希望世界能更好的「願望」，還是希望受到眾人的眼光、稱讚而起的「邪念」？

腦中又拋出這個問題後，我開始在期待被眼神讚許的同時，又害怕接觸道行人眼光：我擔心我是一個假好人，我擔心我其實一點都不「熱心」。更印象深刻的是，有一次行動時，在補習班附近偶遇一個儀隊隊友。我有點羞澀的打過招呼後，他開始注意我的粉綠裝置，又看著我手上剛撿起的束線帶後凍住表情。即便不知道他內心是如何想的，我對我淨街的目的又更動搖了。我不自覺的微微顫抖，卻講不出一句話。

但此後每當我有機會走回家時，我依然懷著動盪的心，在杳無人跡的巷弄，持續淨街。我不知道自己現在究竟為什麼而持續。是因為我希望成名？還是想繼續默默地美化市容？我甚至依然不知道當初的那個冬日是否帶有目的性，是否希望受到肯定。一些善意的念頭、一絲偏執的恐懼，衝突的內心、持續努力的我……或許就是我在這個不為人知的細節中，對人格的最佳寫照。

無論真正的正念為何，我想，我也要努力成為那個「從心所欲不踰矩」的人。

榕樹

廖致傑

佇立在這所學校，已有百年之久，許許多多學生在我身旁成為畢業生，一個個離開校園，我也在孩子三年的生活中，努力記住他們每一刻的喜怒哀樂。

人們總喜歡在這三年裡盡情享受青春，他們玩耍和嬉戲，將青春二字玩得明明白白。有人在我的眼皮子底下告白，卻被女方無情的拒絕；有人在我身邊玩著躲避球，絲毫不在意停駐一旁的汽機車；有人在樹蔭下一邊閱讀，一邊吃著午飯，有如一位孤傲的文青。形形色色的人們皆在我身旁敘寫截然不同的故事，有趣、悲傷和憤怒，撰寫出最豐富的劇情。

隨著少子化的影響，校園人數似乎不斷減少，雖然趣事的數量下降許多，但需記住的面孔也一同減量，讓我這顆百年老化的腦袋，獲得一些喘息的空間。人類短短三年的生活，對我來說短暫得微不足道。站立在此處，當一個觀察者，或許有些許孤單，但也因為林林總總的大小事，而永不無聊。簡單的、詼諧的、普通的小劇場，一幕接一幕在我眼前放映著，竟意外地有著起承轉合，高潮起伏。

而小劇場終將謝幕，或許有一天，最後一屆的演員們，也將一同離開這座年邁老舊的舞臺。

那時，我仍會獨自佇立在這處荒廢的校園。孩子們的笑聲已不復存在，取而代之的是冷風帶來的一片窸窣聲，毫無情感的嘶啞著，日復一日的吵鬧著。當我所喜歡的孩子們已經離開，身為觀察者的我也顯得毫無意義。枯葉隨風離去，昆蟲在我身上肆無忌憚地撕咬著。當我望向一片蔚藍的天空，我想，還會有無數點點滴滴的過往，供我仔細品味。

窗戶

呂家瑋

在劇烈的「蹦！」聲響中，我被甩入室內，與身旁無法動彈的牆壁緊緊挨著。我默默觀察這家人的所有行為、情緒，也看看外頭嘈雜的都市。作為內與外的分界，我成了最密實的護衛、最自由的一面牆。

清晨乍到，這戶人家熟睡得如同斷氣般，唯獨那母親早已離床，且準備周到。為服務家中的所有人，她悄悄走向我，扳開鎖、推開，再鎖緊卡榫。我迎向了今日的第一道曙光，帶入這戶家庭的爸爸與孩子眼中，嘗試將他們從床上喚起，為上班、上學作準備。

一陣亂哄哄的早飯、整理後，一家人隨即離開，而我也被狠狠的關閉、上鎖，就這樣望著他們奔跑，留下寂寥的空屋。

有時，我又朝向另一面觀察，看看市井小民的通勤、奔波，在這都市無一處不留下繁忙的痕跡。街上店家一一拉起捲門，開啟窗扉，向晨日道早安。眼前這樸實景象，融入另一旁的家室風景，我即置身其中，劃下一道似有若無的界限。

動彈不得地卡在牆中一處，我為這屋子帶來朝日、徐風、街景，阻下塵囂、噪音、危害。看似一份毫無回報的苦差事，卻使我不斷盡心去做，或許是因為那份孤寂的體驗，能環視我所守護的一切。

外面的視野不僅是都市的雜亂，更多的是人們不斷勞動奔走的景象，顯露一幅樸實之景。又反觀室內那戶人家，最早起床的母親，在家人出門後仍為家務忙碌，但她總是那麼從容自在的打理好一切，游刃有餘。此刻的孤獨，反而更能看見身旁細微的一切。這片別人看不見的邊界風景，為平凡的生活更添一份趣味。

窗，高高黏在牆上，時而開，時而關，迎良擋惡，實在勞苦。但位在交界地帶，能一覽室內與室外的全貌，也是一種奢華。獨處的時刻，靜靜看著這片人間世，觀覽他人無法看見的種種細節，這即是我的樂趣。雖困於牆中，卻享有這座城市的所有，我想我可以繼續驕傲的做一扇，窗戶。

壁虎

楊致嘉

我喜歡在牆壁上亂竄，不知是本性的驅使，還是興趣所致。趴在牆上的我，有種如魚得水般的自在感，整片牆壁盡在我的掌握之中，想去哪，就去哪。

在我簡單的生活中，我看到了許多不同的故事，舉凡種種為了簡單小事而爭吵的情景。我曾看過兩戶不同的人家，明明做的事都相同，卻有一戶整日活在嫌棄的氛圍中，另一戶則散發著歡快的氣氛，爸爸、媽媽和小孩臉上終日掛著微笑，連飼養的小鳥也時常雀躍鳴叫。我真的搞不懂，為何所有的作為都一樣，卻導致不同的結果，人類真是複雜。

除了對人類互動的觀察外，我還看到了人類對不同物種的態度，像是蟑螂和我。人類看到蟑螂的第一反應往往是尖叫，而下一步就是拖鞋伺候，當然也有些藝高膽大的直接就上了拖鞋，反正不變的是慘烈的死局。反觀我的下場則比蟑螂兄好一點，能被大眾放任在家中亂竄，只因我的食物是更被人類憎惡的蚊子。人們願意將我們留在家中，是因為我們具有利用的價值。而蟑螂並沒有做錯任何事，他不像蚊子那般煩人，也不像毒蛇那般帶有毒液，卻遭到人類撲殺。難道只要沒有利用價值，人類就不能容忍嗎？

我是一隻壁虎，一隻喜歡穿梭在樓與樓間的壁虎，在穿梭的途中，我看到了很多不同的人類樣貌，有歡樂，有哀愁，各式各樣的人生都曾從我的瞳孔中經過。但那激起的不過是一些小風小雨，在我的壁虎生涯中，不值一提。

小雀

胡峻瑋

月臺上的紅色警示燈同時亮起。雖然我不知道為何那排警示燈是間隔發亮的，有一半從來沒亮過，但我知道，再過不久，伴隨強大的氣壓差所帶來的狂風，將會有個震耳欲聾的巨大身影劃過，有時是藍白配色的慢傢伙，有時是大聲呼嘯的橘白光影。而在那些大傢伙離去後，月臺上的人們總是由原先的等待變為離開，只有少數穿著反光條背心的人們總是留在那兒。

那些每天都留在月臺的人們之中，有一位帶著湛藍帽子的大哥哥，總會隨身帶一塊麵包，通常收在他背心的口袋中。對於我們這些嘴饞的麻雀來說，他那挺拔的背影是多麼的可愛呀！每當他看到成群的我們一齊向他吶喊時，他總是會拿出口袋中早已準備好的早餐，和我們一同分享。最重要的是，當吵雜的龐然大物即將進站之際，他除了提醒身邊的人類之外，也會吹著哨子提醒我們遠離月臺邊。畢竟，那強大的氣流對我們來說，可是九級強風啊！稍有不慎被吸走的話，往往小命難保、凶多吉少呀！

看著月臺上人來人往，有人背著看似鉛塊般沉重的書包，打著哈欠，惺忪地看著疾駛而來的列車；有人精神抖擻，提著全黑如炭的公事包，或許在思考昨日的專案如何改進；有人和火車同時進站，正在盡最大努力向月臺衝刺。

而到了傍晚，疲憊的人們陸續走下火車，神情各異，在結束一天的學習與工作後，想著家中美味的晚餐而垂涎三尺；或是在火車上小盹一會兒，沒想到醒來後早已過站，急急忙忙走到對面月臺，生怕錯過一分鐘後進站的回程車。

列車進站又出站，有些停下後頓了頓，等待下車的人流停止後，又匆匆離去；有些過站甚至不停，直直呼嘯而過。搭車的人也是，有的總是比列車早到三分鐘，也有個穿著一中黑運動服的學生，總是在車門關閉的前三秒踏進車廂。

看來，為生活而勞碌的，不只是我們這群小雀啊！

鳳凰木

潘宥希

我就這樣靜靜站在路邊，平凡，沒有名字，但幾個曾在我面前品頭論足的人類叫我鳳凰木。或許這就是我的名字，雖然我並不清楚我和傳說中的神鳥有什麼關聯，難道是因為我鮮豔的火紅色花朵？

我每天都站在這座城市的一角，看著無數汽車、機車和行人匆匆路過，他們都有自己的目的地，但這跟我沒有關係，我只是一棵樹。偶爾會有人類駐足在我身前，只是什麼也沒說，靜靜的和我對望，這時，我會搖搖我的枝條，讓幾片葉子落在他的肩上，看著他拾起觀察或輕輕拂去。隨後，他們總會離開。我想，在我身前停留的人類多半沒有自己的目的地，我也非常好奇他們接下來要去往何方。也許這個問題的答案，他們也仍要不斷尋尋覓覓。

每年的五月到七月，我會用豔麗的橘紅色花朵裝飾我的枝條，因為人們總愛在這個時節和我合影。最常出現的是幾個穿著相同服飾的年輕人，有些說說笑笑，有些依依不捨，但無一例外在我的面前停留合影。後來從幾個人類的口中，我了解到，對他們而言，這個時節叫畢業季，是那些拍照的年輕人類彼此道別的時候。此後，每當我看到在我身前合影的年輕人，我都會偷偷抖一抖枝條，讓鮮豔的花瓣留在他們的青春回憶之中。

在車水馬龍的城市裡，有些人為了目標而努力，有些人為了別離而難過，又有些人只是純粹在城市探索。我只是默默看著熟悉的情境重複上演，靜靜伸展枝條，獲取陽光，當一棵平凡的行道樹。

蚊子

賴楚元

在人們眼中，我十分煩人。濕熱的夏天孕育出我的誕生，路邊一個被隨手拋棄的飲料杯，即是我的搖籃，毫不起眼，卻又充滿意義。

我在水中蠕動、進化，度過無數夜晚，最終在陽光下破蛹而出，展翅，飛向人類的文明。不久，我便感受到來自人們滿滿的惡意。在和同伴一起優游的過程中，我們停下欣賞人類發達的工業系統。轉瞬間，一片漆黑壓過，我惶恐地飛離，轉過頭，只剩下一片血跡和一句：「蚊子怎麼不消失在這世界上呢？」

我很錯愕，我們真的毫無價值嗎？吸血不也只是為了得到必要的養分以傳宗接代？在背後，我們也會幫助花卉授粉；在食物鏈中，也由同伴的犧牲支撐起部分的平衡。為什麼這些人都視而不見呢？

我緩慢地飛進工廠內部，裡頭充斥著塑膠刺鼻的臭味，似乎透露著地球資源正一點一滴被消耗著，也預示著未來的世界將不再有取之不盡、用之不竭的資源。

我對這個貪心的人類社會感到惋惜，停下翅膀，在成堆整齊疊在一起的塑膠椅上思考著，身為地球的一分子，能為環境做些什麼？機器在我身旁不停發出低頻的聲響，過了很久，我還是想不出答案。忽然，一人的雙掌再次襲來，「啪」！清脆的一聲，這次我沒逃過……

彌留之際，我還是想不透，為何人們只看到表面的害處，而不明白我們對世界帶來的龐大益處？為何人們還沒領悟到，自己才是正在吸食地球血液的害蟲呢？

山羌

陳仕文

本羌最喜歡在山林間自由地穿梭，享受樹林的氣味，品嚐小草的美味，沉醉於溪水的甘甜。

時常耳聞有同伴被可怕的怪物抓走或殺害。聽說怪物自稱為獵人，究竟那些怪物的目的為何？這時常成為大家聊天的話題。有的說被人類抓去豢養，有的說被用來作為食物，有的說被當成飾品，有的說……。唯一可以確定的是，怪物從不在繁殖季進來，且他們總是會放過小孩子。幸虧如此，總羌數長久以來一直保持在一定的規模，不常大幅改變。

說起遇到怪物的對策，我可是羌界中的專家呢！平時在路上就要提高警覺，如果看到只用兩隻腳行走的生物，身上有著五顏六色的條紋，有時拿著灰色的片狀物左右擺動，有時拿著長長的彎曲木條，這就八九不離十是要來抓我們的怪物！

可以的話，與怪物玩捉迷藏是最能活命的方法。若不幸被盯上，就要拔腿狂奔，跑得比誰都快……。這些都是令人懷念的陳年往事了。不只我，連其他羌都好長一段時間沒遇到怪物了。

最近真是怪事頻傳！有好多羌病死或餓死，據說是喝了顏色奇怪的水，身體愈發虛弱；有些則是無草可吃，連基本的行走都沒力氣。我也覺得很奇怪，童年玩耍的水池及樹林都不見了，取而代之的是一條黑色的、看不見盡頭的未知物，還時不時衝出黑色、白色、藍色等五顏六色的物體，不知道是不是生活於此的新物種？

今天看到了許久未見的怪物，但有一點奇怪，他們長得好高大，顏色也與以往不同。更令人憤怒的是他們竟然在砍樹！所經之處無一直立的樹木，且他們似乎還要繼續砍下去！好想阻止，但又無能為力。

好想回到從前，雖然要提心吊膽的提防怪物們，但羌群至少能好好的繁殖下一代。不像現在，大家因為不明的原因陸續死亡。放眼望去，山頭一片光禿禿，哪裡還有我的同伴呢？

16歲的對話練習課

作者　林皇德、臺南一中 114 級科學班（呂家瑋、李侑恆、林信妤、林家禾、林容宇、林啟德、施宏宇、胡峻瑋、耿宸佑、張弘霖、陳仕文、陳以勤、陳嘉寶、黃正淇、楊思祈、楊致嘉、葉睿穎、葛彥宏、廖致傑、潘宥希、蔡依珊、蔡承恩、鄭琇璟、盧尚恩、賴楚元）

社長　林宜澐
總編輯　廖志墭
編輯　王威智
封面設計　黃祺芸

出版　蔚藍文化出版股份有限公司
地址　110408 臺北市信義區基隆路一段 176 號 5 樓之 1
電話　02-22431897
臉書　www.facebook.com/AZUREPUBLISH/
讀者服務信箱　azurebks@gmail.com

總經銷　大和書報圖書股份有限公司
地址　248020 新北市新莊區五工五路 2 號
電話　02-89902588

法律顧問　眾律國際法律事務所　著作權律師／范國華律師
電話　02-27595585
網站　www.zoomlaw.net

印刷　世和印製企業有限公司

定價　新臺幣 350 元
初版一刷　2024 年 2 月
初版二刷　2024 年 8 月
ISBN　978-626-7275-27-6（平裝）

國家圖書館出版品預行編目（CIP）資料

16 歲的對話練習課 / 林皇德，臺南一中 114 級科學班合著 . -- 初版 . --
臺北市 : 蔚藍文化出版股份有限公司 , 2024.02
　面；　公分
ISBN 978-626-7275-27-6(平裝)

1.CST: 自我實現 2.CST: 生活指導 3.CST: 青年

192.13　　113001969